Projeto VEK

CURSO

O QUE É O ESPIRITISMO

- curso por correspondência -

Edição e distribuição:

Caixa Postal 1820 – CEP 13360-000 – Capivari-SP
Fone/fax: (0xx19) 3491-7000 / 3491-5603
E-mail: editoraeme@editoraeme.com.br
Site: www.editoraeme.com.br

Solicite nosso catálogo completo com mais de 300 títulos.

Não encontrando os livros da EME na livraria de sua preferência, solicite o endereço de nosso distribuidor mais próximo de você através do fone/fax ou e-mail acima.

Projeto VEK

CURSO
O QUE É O ESPIRITISMO
- curso por correspondência -

Capivari-SP

— 2004 —

O que é o Espiritismo
1ª edição - Projeto VEK - maio/2001 - 1.000 exs
2ª edição - Editora EME - janeiro/2004 - 500 exs

Capa:
André Stênico

Revisão:
Celso Martins

Diagramação e impressão:
Editora EME

Ficha Catalográfica

Organizado pelo Projeto VEK
O que é o Espiritismo, organizado pelo Projeto VEK,
(1ª edição 05/2001), 2ª edição 01/2004, Editora EME, Capivari-SP.
120p.
1- O que é o Espiritismo
2- Espiritismo - Iniciação

SUMÁRIO GERAL

Apresentação 7

Primeira Parte:
Princípios Elementares

1ª Lição 13
    Observações Preliminares 13
    Os Espíritos 22
    Comunicação com o Mundo Invisível 26

2ª Lição 34
    Finalidade das Manifestações Espíritas 42
    Os Médiuns 44
    Escolhos da Mediunidade 50

3ª Lição 56
    Qualidades dos Médiuns 56
    Charlatanismo 61
    Identidade dos Espíritos 63
    Contradições 65
    Conseqüências do Espiritismo 66

Epílogo da Primeira Parte 74

Segunda Parte:
Solução de Alguns Problemas pela Doutrina Espírita

4ª Lição 79
Pluralidade dos Mundos 79
A Alma 81
O Homem durante a vida terrestre 84

5ª Lição 100
O Homem depois da Morte 100
Epílogo do Curso 113

Temática do curso 115

APRESENTAÇÃO

Parabéns pela aquisição desse pequeno livro, que reúne, de modo claro e didático, o que há de mais essencial no Espiritismo. Trata-se da matéria do nosso curso por correspondência, aperfeiçoado desde 1991, o mais indicado para principiantes que queiram estudar o Espiritismo em sua própria casa. As cinco lições, condensam as idéias mais importantes, organizadas do melhor modo possível para um primeiro contato. É muito importante fixar bem essas idéias na mente, antes de passar para outras leituras.

Você pode, se o desejar, fazer todo o curso do Vek gratuitamente. Basta preencher e enviar a ficha de matrícula inclusa e fazer uso desse direito. O objetivo do curso é a compreensão dos fundamentos do Espiritismo. Mas isso pode ser alcançado também por outros meios. Vários centros espíritas mantêm, por exemplo, cursos regulares para iniciantes. A grande vantagem desses cursos é a possibilidade de interlocução com professor e colegas. Todavia, a distância, os dias e horários podem não ser convenientes.

Convém ressaltar as vantagens que o nosso curso por correspondência oferece para aqueles que não podem ou têm

8 O que é o Espiritismo

dificuldade em participar de cursos regulares, palestras, reuniões de estudo etc.

VANTAGENS DO CURSO DO VEK (*):

1. Em muitas cidades não há sequer um centro espírita ou qualquer outra fonte de informação sobre o assunto. Nesse particular, as vantagens de um curso por correspondência são fundamentais. Todavia, mesmo em grandes cidades, há os que preferem o estudo por correspondência por circunstâncias particulares.

2. Ao matricular-se, o estudante passa a ter acesso não só às informações que as lições trazem mas também a tudo quanto queira saber sobre o atual conhecimento do Espiritismo. Para tanto, basta escrever. Do contrário, teria de recorrer a livros e revistas especializados (cerca de 3000 editados atualmente só no Brasil), o que exigiria muito tempo e esforço.

3. Os instrumentos de avaliação da aprendizagem, um para cada lição, permitem que o aluno verifique se aprendeu corretamente. Esse procedimento é muito importante, logo no início, a fim de evitar a assimilação incorreta das idéias mais essenciais.

(*) O Projeto Vek surgiu em 1991 objetivando o estudo e a divulgação do Espiritismo a nível de primeira informação. Através de seu curso por correspondência, O QUE É O ESPIRITISMO, traduzido para o esperanto, inglês, espanhol e francês, vem cumprindo fielmente a sua missão através de fascículos, disquete e internet.

4. O aluno pode estudar nas horas de folga, em sua própria casa, pois as lições foram organizadas com esse objetivo.

5. O estudante é quem determina a duração do curso. Pode interrompê-lo, para viajar, por exemplo, e depois prosseguir sem problemas. NUNCA TIRAMOS FÉRIAS!

6. O aluno terá direito a consultas sobre tudo que diga respeito ao curso em qualquer tempo. SEMPRE ESTAREMOS À SUA DISPOSIÇÃO!

7. Ao estudar cada lição e enviar a prova devidamente preenchida, ele a receberá corrigida, juntamente com a prova seguinte.

8. O aluno poderá mudar-se para qualquer lugar do país, ou mesmo do exterior, sem interromper o curso. Basta comunicar o seu novo endereço (postal ou eletrônico), a fim de evitar o extravio de correspondência.

Como se vê, o aluno, ao matricular-se, terá um professor à sua disposição o tempo todo e em qualquer lugar! Sob este último aspecto, temos alcançado êxito em locais pouco acessíveis, como é o caso das prisões.

PRIMEIRA PARTE DO CURSO

Princípios Elementares

Lições 1, 2 e 3

1ª LIÇÃO

Observações preliminares

1. Sempre existiu a crença em uma vida após a morte. Ela foi registrada desde muitos séculos antes de Cristo na História de todos os povos. Pesquisas antropológicas evidenciam os cuidados que o homem de Neanderthal dispensava a seus mortos, há 100.000 anos. Sepultava-os com provisões de alimentos, o que bem demonstra o conceito inato da Humanidade de uma vida no além. Ao fim do período neolítico, mas sobretudo na idade do bronze, assistimos a uma evolução curiosa do rito funerário: surgiram as demarcações das sepulturas através de **menires** (blocos de pedras verticais), de **dólmens** (dois ou mais menires suportando um bloco de pedra horizontal), e ainda da **incineração**, originando-se daí os atuais cemitérios. O apogeu suntuário do culto aos mortos em todos os tempos se

deu a partir da 3ª dinastia egípcia (2.700 anos antes de Cristo), destacando-se os faraós construtores das grandes pirâmides Snefru, Queóps, Quéfren e Miquerinos. No famoso **Livro dos Mortos**, cujos exemplares, escritos em rolos de papiro, eram escondidos nas faixas das múmias, há uma cena curiosa: **a pesagem de uma alma**, como a demonstrar que o mau proceder adensava a alma incapacitando-a de alçar vôos às regiões celestiais.

A fixação do destino da alma em função dos procedimentos durante a vida é bastante antigo. Segundo a escrita cuneiforme da civilização sumeriana (4.000 anos a.C.), **se o homem fizesse o bem, gozava do favor dos deuses. Desde, porém, que transgredisse a vontade divina, caía sob o poder dos Espíritos do mal**. A magia e a adivinhação desempenhavam o mesmo papel entre todos os povos da Antigüidade, qual seja, colocar o homem em comunicação com o mundo invisível para dele obter informações ou favores. Os deuses manifestavam sua vontade por sonhos, oráculos, presságios. Puniam o homem culpado, mas consideravam que o mal podia também ser causado pela intervenção de Espíritos maus. A consulta aos oráculos foi eficaz para a aproximação dos helenos. De toda parte, se ia consultar em Dodoma, em Oropos, nas Brânquidas e principalmente em Delfos. Aí, uma mulher, a pitonisa, em transe, deixava escapar as palavras de Apolo. A princípio, eram palavras de bom conselho, mesmo instruções aos povos, aos soberanos, segundo a moral e as necessidades da boa ordem. Infelizmente, as oposições entre os Estados gregos exerceram tanta pressão que acabaram por abalar a imparcialidade dos oráculos.

A religião dos mistérios colocava os helenos em comunicação com o reino dos mortos por meio de ritos sagrados. As revelações transmitiam-se secretamente. Nenhum participante ousou revelá-las limitando-se ao máximo a vagas alusões. Não há dúvida, porém, de que essas cerimônias eram bastante difundidas e tiveram grande importância na formação do Espírito grego, desde a época arcaica.

2. Por volta do século X a.C., tribos brancas que viviam na Ásia Menor emigraram para o Oriente, povoando o noroeste da Índia e de lá se espalharam pelo Vale do Ganges. Os sacerdotes dessas tribos, dos quais se originaram os brâmanes, legaram uma coleção de quatro textos, os **Vedas**, fonte espiritual do Hinduísmo. Desses textos despontaram poemas épicos dos quais o mais famoso é o **Bhagavad Gitã** (diálogo entre o Deus Krishna e o guerreiro Arjuna). Dos ensinamentos aí contidos, destaca-se o processo cíclico de nascimento e morte para o aperfeiçoamento do homem: **uma pessoa tem que nascer de acordo com as atividades de sua vida, e, após terminar um período de atividades, a pessoa tem que morrer para voltar a nascer e começar o próximo período.**

Durante a extraordinária época de Confúcio e Lao-Tsé (China), Zaratustra (Pérsia), Pitágoras e Heráclito

16   O que é o Espiritismo

(Grécia), viveu na Índia, no século VI a.c., o príncipe Sidarta Gautama, que se tornou BUDA (i. é. **O Desperto**) aos 35 anos, após um período de 6 anos de recolhimento na floresta. Preocupou-se com o sofrimento, as frustrações humanas e a forma de superá-las. Sua doutrina, essencialmente prática, assemelha-se a uma psicoterapia. Ensinou-a através das famosas **Quatro Verdades Nobres** (*) até a sua morte, aos 80 anos de idade. Para o mundo oriental, a estátua de Buda no estado de meditação é tão significativa quanto a imagem do Cristo crucificado para o Ocidente.

(*) PRIMEIRA - A característica mais saliente da situação humana é a frustração, derivada da nossa dificuldade de enfrentar o fato de que tudo que nos cerca é impermanente e transitório. O sofrimento surge sempre que resistimos ao fluxo da vida e tentamos nos apegar a formas fixas, quer se trate de coisas, fatos, pessoas ou idéias.

SEGUNDA - A causa de todo sofrimento é o **apego** ou a **cobiça**. Decorre da ignorância humana de apegar-se a coisas que, na realidade, são transitórias e se acham em contínua mudança. Por isso, caímos na armadilha de um ciclo vicioso, conhecido no Budismo como **samsara**, o ciclo de nascimento-morte-nascimento impelido pelo **karma**, que é a infindável cadeia de causa e efeito.

TERCEIRA - O sofrimento e a frustração podem chegar a um fim. É possível transcender o ciclo do samsara, livrar-se do jugo do karma e alcançar um estado de libertação total denominado **nirvana**, que é um estado de consciência além de todos os conceitos intelectuais. Atingir o nirvana é atingir o *despertar* ou *estado de Buda*.

QUARTA - A prescrição para extinguir todo sofrimento é o Caminho Octuplo do auto-desenvolvimento. As duas primeiras seções referem-se à visão correta e ao conhecimento correto acerca da situação humana. As quatro seções seguintes tratam das ações corretas, estabelecendo regras para o modo de vida. As duas seções finais referem-se à consciência correta e a meditação correta e descrevem a experiência mística direta da realidade.

3. As manifestações dos Espíritos sempre existiram. Hoje se sabe que são fenômenos regidos por leis naturais, que podem ser usadas tanto para o bem quanto para o mal. Enquanto elas concorriam para o aprimoramento espiritual do homem no mundo asiático, eram usadas no Ocidente a serviço de interesses materiais e de sortilégios. No século XIII a.c., Moisés, ele próprio um extraordinário médium, proibiu a comunicação com os mortos para coibir os abusos já então cometidos. Tal proibição foi várias vezes repetida: Êxodo 22:18, Deuteronômio 18:10-11, Levítico 19:31, 20:6 e 27, nesta última com pena de morte aos infratores.(*) Daí a reação da famosa pitonisa (ou médium) de Endor, quando o rei Saul chegou disfarçado para lhe pedir serviços: *"Por que conspiras contra a minha vida, para matar-me?"* E a Bíblia descreve a notável sessão de materialização(**) ocorrida logo a seguir (I Sam 28:7-19).

Na Grécia, cerca de 400 anos antes de Cristo, Sócrates e Platão delinearam as idéias básicas do Espiritismo (reencarnação inclusive), e, como conseqüências morais, as do próprio Cristianismo. Foi a mais extraordinária antecipação (23 séculos!) do Espiritismo. Na mesma linha de pensamento foi a seita dos essênios, fundada por volta do ano 150 antes de Cristo. Os essênios aproximavam-se, por seu gênero

---

(*) Em Números, Moisés lamenta que não existam mais médiuns sérios.

(**) Nas sessões de materialização o Espírito comunicante torna-se visível e até mesmo tangível.

de vida, dos primeiros cristãos, e os princípios de moral que professavam induziram a hipótese de que Jesus fez parte dessa seita no início de sua missão pública.

4. Jesus, Espírito elevadíssimo, durante a romagem terrena, deu origem aos maravilhosos fenômenos descritos pelos evangelistas, que culminaram nas suas extraordinárias aparições depois da morte. A mediunidade de seus Pais asseguraram-Lhe o nascimento e O salvaram, segundo o Evangelho, do infanticídio ordenado por Herodes. A mediunidade dos apóstolos e dos cristãos primitivos consolidaram a propagação do Cristianismo em sua pureza e simplicidade.

Os fenômenos espíritas foram amplamente utilizados pelos cristãos durante os três primeiros séculos, sendo de uso freqüente a cura de enfermos pela imposição das mãos (passe) e por água fluidificada. As sessões mediúnicas que antecediam aos holocaustos lhes davam forças para enfrentarem com serenidade os martírios mais perversos.

A partir de 313, ano em que o Imperador Constantino proclamou o édito de Milão, cessaram as perseguições aos cristãos e o Cristianismo transformou-se em religião formal, adotada pelo Estado. Não tardou que a simplicidade cedesse lugar ao fausto, a pureza doutrinária à corrupção das conveniências, a mansuetude à intolerância e, por fim, o amor fraterno à luta beligerante. Em 1095, o Papa Urbano II pregou a cruzada no Concílio de Clermont. À primeira cruzada sucederam a segunda e a terceira, quando, em 1182,

Projeto VEK

chegou à Terra o Espírito angelical de **São Francisco de Assis**, para que a Igreja assistisse de perto o autêntico ensino do Cristo: confortando os doentes, curando os enfermos, instruindo os ignorantes, fartando os famintos e vestindo os nus. Dava sem receber e recebia distribuindo. Desejava o bem a todos, sem cogitar de onde procediam, para onde iam, a qual escola ou partido político pertenciam. A despeito desse santo exemplo, as cruzadas persistiram até o século XIII, e, o pior, a semente da Inquisição(*) já estava lançada. É de notar que muitos outros Espíritos de lídima estirpe também vieram à terra com o mesmo propósito. Todavia, prevaleceu na Igreja a intolerância, mesmo em assuntos não religiosos. Eminentes cientistas foram sacrificados. E a Inquisição, que só em Portugal queimou cerca de 1500 pessoas, matou nos cárceres um número incalculável e condenou a penas diversas mais de 25000, só foi extinta definitivamente em 1821.

5. Com a extinção do obscurantismo medieval, os fenômenos espíritas, finalmente, puderam ser pesquisados sem ameaças mortais. Importantes cientistas, inicialmente descrentes dos fenômenos, a eles se dedicaram, posteriormente, ante evidências irrefutáveis. Os fenômenos foram então cuidadosamente catalogados e cientificamente estudados. No decorrer

---

(*) Tribunal eclesiástico com plenos poderes para perseguir e condenar pessoas contrárias à opinião da Igreja. Esse tribunal foi substituído por um outro, a Congregação para a Doutrina da Fé, pouco conhecido atualmente.

do terceiro quartel do século passado (1850 -1875) já estavam consolidados os fundamentos do Espiritismo. Vale dizer que esses estudos foram realizados sob um clima de hostilidades. Basta lembrar que a Igreja, ainda possuidora de grande influência, não mais podendo queimar pessoas, celebrou, em 1861, na Espanha, o Auto-de-Fé de Barcelona, incinerando em praça pública uma coletânea de livros espíritas que havia chegado da França. Por outro lado, a metodologia de pesquisa, utilizada pelos cientistas que estudaram o Espiritismo, suscitou rejeições de alguns partidários da chamada Ciência Oficial, teimosos em adotar para seres inteligentes invisíveis a mesma metodologia usada para seres inanimados. Absurdo impraticável, pois não se pode produzir fenômenos espíritas como se faz uma experiência de física ou de química. Ainda que certos fenômenos possam ser provocados, pelo fato de provirem de inteligências livres, não se acham absolutamente à disposição de quem quer que seja. Quem se disser capaz de obtê-los, sempre que queira, só provará ignorância ou má-fé. É preciso esperá-los, apanhá-los em sua passagem, e, muitas vezes, quando são menos esperados é que se apresentam os fatos mais interessantes e concludentes. Aliás, a reação contrária aos conhecimentos novos é fato bastante conhecido na história das universidades.

6. Agora, finalizando essas observações preliminares, daremos início, a partir do próximo item, ao curso propriamente dito. Inicialmente, você estudará uma

Projeto VEK   21

exposição sumária das noções fundamentais sobre os Espíritos (itens 8 a 21) e começará o empolgante estudo da comunicação com o mundo invisível, ainda nesta lição. A seguir, duas outras lições completarão a primeira parte do curso, na qual o estudante deve fixar bem sua atenção para poder julgar, com conhecimento de causa, as manifestações mediúnicas, antes de participar de reuniões espíritas. A propósito, as reuniões frívolas têm o grave inconveniente de dar aos noviços, que a elas assistem, uma idéia falsa do Espiritismo. Por isso, um estudo antecipado lhes ensinará a julgar o alcance do que assistem, a separar o bom do mau. O mesmo raciocínio se aplica àqueles que julgam o Espiritismo por certas obras excêntricas que não podem dar senão uma idéia incompleta e ridícula. O Espiritismo sério não é responsável por aqueles que o compreendem mal ou o praticam insensatamente, do mesmo modo que a poesia não é responsável por aqueles que fazem maus versos.

7. Ao longo do curso você deduzirá que o objetivo essencial do Espiritismo é o adiantamento moral dos homens. O verdadeiro espírita não é aquele que crê nas manifestações, mas aquele que aproveita o ensinamento dado pelos Espíritos para seu auto-aperfeiçoamento. O egoísmo, o orgulho, a vaidade, a ambição, o ódio, a inveja, o ciúme, a maledicência, são para a alma ervas venenosas da qual é necessário cada dia arrancar uma a uma, tendo como antídoto, a **caridade** e a **humildade**.

BOA SORTE!

Os espíritos

8. Os Espíritos não são, como supõem muitas pessoas, uma classe à parte na criação, porém as almas, despidas do seu invólucro corporal, daqueles que viveram na Terra ou em outros mundos. Aquele que admite a sobrevivência da alma ao corpo, admite, pelo mesmo motivo, a existência dos Espíritos. Negar os Espíritos seria negar a alma.

9. Faz-se geralmente uma idéia muito errônea do estado dos Espíritos; eles não são, como alguns acreditam, seres vagos e indefinidos, nem chamas semelhantes a fogos-fátuos, nem fantasmas como os pintam nos contos das almas do outro mundo. São seres nossos semelhantes, tendo como nós um corpo, mas fluídico e invisível no estado normal.

10. Quando a alma está unida ao corpo, durante a vida, ela tem duplo invólucro: um pesado, grosseiro e destrutível — o *corpo*; o outro fluídico, leve e indestrutível, chamado *perispírito*.

11. Há, pois, no homem três elementos essenciais:

1º. A **alma ou Espírito**, princípio inteligente em que residem o pensamento, a vontade e o senso moral;

2º. O **corpo**, invólucro material que põe o Espírito em relação com o mundo exterior;

3º. O **perispírito**, invólucro fluídico, leve,

imponderável, servindo de laço e de intermediário entre o Espírito e o corpo.

12. Quando o invólucro exterior está usado e não pode mais funcionar, ele tomba e o Espírito o abandona, como o fruto se despoja da sua semente, a árvore da casca, a serpente da pele, em uma palavra, como se deixa um vestido velho que já não pode servir; é o que se designa pelo nome de **morte**.

13. A morte é apenas a destruição do envoltório corporal, que a alma abandona, como faz a borboleta com a crisálida, conservando porém seu corpo fluídico ou perispírito.

14. A morte do corpo desembaraça o Espírito do laço que o prendia à Terra e o fazia sofrer, e uma vez libertado desse fardo, não lhe resta mais que o seu corpo etéreo, que lhe permite percorrer o espaço e transpor as distâncias com rapidez proporcional à sua evolução.

15. Os Espíritos revestidos de seus corpos materiais constituem a Humanidade ou mundo corporal visível; despojados desses corpos, formam o mundo espiritual ou invisível que povoa o espaço e no meio do qual vivemos, sem disso desconfiar, como vivemos no meio do mundo dos infinitamente pequenos, de que não suspeitávamos, antes da invenção do microscópio.

16. Os Espíritos não são, portanto, entes abstratos, vagos e indefinidos, mas seres concretos e circunscritos,

aos quais só falta serem visíveis para se assemelharem aos humanos; donde se segue que se, em dado momento, pudesse ser levantado o véu que os esconde, eles formariam uma população, cercando-nos por toda parte.

17. Os Espíritos possuem todas as percepções que tinham na Terra, porém em grau mais alto, porque as suas faculdades não estão amortecidas pela matéria; eles têm sensações desconhecidas por nós, vêem e ouvem coisas que os nossos sentidos limitados não nos permitem ver nem ouvir. Para eles não há obscuridade, excetuando-se aqueles que, por punição, se acham temporariamente nas trevas.

Todos os nossos pensamentos neles se repercutem, e eles os lêem como em um livro aberto; de modo que o que podíamos esconder a alguém, durante a vida terrena, não mais o podemos depois da sua desencarnação.

18. Os Espíritos estão em toda parte, ao nosso lado, acotovelando-nos e observando-nos sem cessar. Por sua presença incessante entre nós, eles são os agentes de diversos fenômenos, desempenham um papel importante no mundo moral, e, até certo ponto, no físico; constituem, se o podemos dizer, uma das forças da Natureza.

19. Desde que se admita a sobrevivência da alma ou do Espírito, é racional que as suas afeições continuem; sem o que, as almas dos nossos parentes e amigos seriam, pela morte, totalmente perdidas para nós.

Pois que os Espíritos podem ir a toda parte, é igualmente racional admitir-se que aqueles que nos amaram, durante a vida terrena, ainda nos amem depois da morte, que venham para junto de nós e se sirvam, para isso, dos meios que encontrem à sua disposição; é o que a experiência confirma.

A experiência, de fato, prova que os Espíritos conservam as afeições sérias que tinham, na Terra, que folgam em se juntarem àqueles a que amaram, sobretudo quando são por estes atraídos pelos sentimentos afetuosos que lhes dedicam, ao passo que se mostram indiferentes para com quem só lhes vota indiferença.

20. O Espiritismo tem por fim demonstrar e estudar a manifestação dos Espíritos, suas faculdades, sua situação feliz ou infeliz, seu futuro, em suma, o conhecimento do Mundo Espiritual.

Essas manifestações, sendo averiguadas, conduzem à prova irrecusável da existência da alma, de sua sobrevivência ao corpo, de sua individualidade depois da morte, isto é, de sua vida futura; por isso ele é a negação das doutrinas materialistas, não tanto por meio de raciocínios, mas principalmente por fatos.

21. Uma idéia quase geral, entre os que não conhecem o Espiritismo, é a de crer que os Espíritos, pelo simples fato de estarem desprendidos da matéria, devem saber tudo, estar de posse da sabedoria suprema. É um grave erro.

Não sendo mais que as almas dos homens, os

Espíritos não adquirem a perfeição logo que deixam o envoltório terrestre. Seu progresso só se faz com o tempo, e não é senão paulatinamente que se despojam das suas imperfeições, que conquistam os conhecimentos que lhes faltam.

Seria tão ilógico admitir-se que o Espírito de um selvagem ou de um criminoso se torne de repente sábio e virtuoso, como seria contrário à justiça de Deus supor que ele continue perpetuamente em inferioridade. Como há homens de todos os graus de saber e ignorância, de bondade e malvadez, dá-se o mesmo com os Espíritos. Alguns destes são apenas frívolos e travessos; outros são mentirosos, fraudulentos, hipócritas, maus e vingativos; outros, pelo contrário, possuem as mais sublimes virtudes e o saber em grau desconhecido na Terra.

Essa diversidade nas qualidades dos Espíritos é um dos pontos mais importantes a considerar, por explicar a natureza boa ou má das comunicações que se recebem; é em distingui-las que devemos empregar todo o nosso cuidado.

Comunicação com o mundo invisível

22. Sendo admitidas a existência, a sobrevivência e a individualidade da alma, o Espiritismo reduz-se a uma só questão principal: *são possíveis as comunicações entre as almas e os viventes?*

Essa possibilidade foi demonstrada pela experiência, e, uma vez estabelecido o fato das relações entre os mundos visível e invisível, bem como conhecidos a natureza, o princípio e o modo dessas relações, abriu-se um novo campo à observação e encontrou-se a chave de grande número de problemas. Fazendo cessar a dúvida sobre o futuro, o Espiritismo é poderoso elemento de moralização.

23. O que faz nascer na mente de muitas pessoas a dúvida sobre a possibilidade das comunicações de além-túmulo é a idéia falsa que fazem do estado da alma depois da morte. Figuram ser ela um sopro, uma fumaça, uma coisa vaga, apenas apreensível ao pensamento, que se evapora e vai não se sabe para onde, mas para lugar tão distante que se custa a compreender que ela possa tornar à Terra. Se, ao contrário, a consideramos ainda unida a um corpo fluídico, semimaterial, formando com ele um ser concreto e individual, as suas relações com os viventes nada têm de incompatível com a razão.

24. Vivendo o mundo invisível no meio do visível, com o qual está em contato perpétuo, dá em resultado uma incessante reação de cada um deles sobre o outro, e bem assim demonstra que, desde que houve homens, houve também Espíritos, e que se estes têm o poder de manifestar-se, deviam tê-lo feito em todas as épocas e entre todos os povos.

Entretanto, nestes últimos tempos, as manifestações dos Espíritos tomaram grande desenvolvimento e

28 O que é o Espiritismo

adquiriram maior caráter de autenticidade, porque estava nas vistas da Providência pôr termo à praga da incredulidade e do materialismo, mediante provas evidentes, permitindo, aos que deixaram a Terra, vir atestar sua existência e revelar-nos sua situação feliz ou infeliz.

25. As relações entre os mundos visível e invisível podem ser ocultas ou patentes, espontâneas ou provocadas.

Os Espíritos atuam sobre os homens ocultamente, sugerindo-lhes pensamentos e influenciando-os, de modo perceptível, por meio de efeitos apreciáveis aos sentidos.

As manifestações espontâneas se verificam inopinadamente e de improviso; produzem-se, muitas vezes, entre as pessoas mais estranhas às idéias espíritas, as quais, não tendo meios de explicá-las, as atribuem a causas sobrenaturais. As que são provocadas, dão-se por intermédio de certos indivíduos dotados para isso de faculdades especiais, e designados pelo nome de **médiuns**.

26. Os Espíritos podem manifestar-se de muitas maneiras diferentes: pela vista, pela audição, pelo tato, produzindo ruídos e movimentos de corpos, pela escrita, desenho, música etc.

27. Às vezes, os Espíritos se manifestam espontaneamente por pancadas e ruídos; é freqüentemente um meio que empregam para atestar

sua presença e chamar sobre si a atenção, tal como nós, quando batemos para avisar que está alguém à porta.

Alguns não se limitam a ruídos moderados, mas produzem barulhos imitando louças que se quebram, portas que se abrem e fecham com estrondo, móveis lançados ao chão, e alguns chegam mesmo a causar uma perturbação real e verdadeiros estragos.

28. Ainda que invisível para nós no estado normal, o perispírito é matéria etérea. Em certos casos, o Espírito pode fazê-lo sofrer uma espécie de modificação molecular que o torna visível e mesmo tangível; é como se produzem as aparições — fenômeno que não é mais extraordinário que o do vapor que, invisível quando muito rarefeito, se torna visível por condensação.

Os Espíritos que se tornam visíveis apresentam-se, quase sempre, com as aparências que tinham em vida e que os podem tornar conhecidos.

29. A vidência permanente e geral de Espíritos é muito rara, porém as aparições isoladas são bastante freqüentes, sobretudo em ocasiões de morte; o Espírito, quando deixa o corpo, parece ter pressa de ir ver seus parentes e amigos, como para adverti-los de já não estar na Terra, e dizer-lhes que ainda vive.

Se passarmos em revista as nossas reminiscências, veremos quantos fatos autênticos, dessa ordem, sem que os percebêssemos convenientemente, se deram conosco, não só de noite, durante o sono, senão também de dia e em completo estado de vigília. Outrora consideravam

30   O que é o Espiritismo

tais fatos sobrenaturais e maravilhosos e os atribuíam à
magia e à feitiçaria; hoje, os incrédulos os classificam
como um produto da imaginação; desde que porém a
ciência espírita nos forneceu meios de explicá-los, ficou-
se sabendo como eles se produzem e que pertencem à
classe dos fenômenos naturais.

30.   Era por meio do perispírito que o Espírito agia sobre
o seu corpo quando vivo, e é ainda com esse mesmo
fluido que ele se manifesta agindo sobre a matéria inerte,
produzindo ruídos, movimentos de mesas e outros
objetos que ele levanta, derruba ou transporta. Esse
fenômeno nada terá de surpreendente, se considerarmos
que, entre nós, os mais poderosos motores se alimentam
dos fluidos de maior rarefação e, mesmo,
imponderáveis, como o ar, o vapor e a eletricidade.

É igualmente por meio do perispírito que o Espírito
faz os médiuns escreverem, falarem ou desenharem.
Não possuindo corpo tangível para atuar
ostensivamente, quando ele quer se manifestar, o
Espírito serve-se do corpo do médium, de cujos órgãos
se apossa, fazendo-os agir como se fossem seus, por
um eflúvio com que ele os envolve e penetra.

31.   No fenômeno designado pelo nome de *mesas
girantes e falantes*, é ainda pelo mesmo meio que o
Espírito age sobre o móvel, seja fazendo-o mover-se
sem significação determinada, seja produzindo golpes
inteligentes, indicando as letras do alfabeto para formar
palavras e frases, fenômeno este designado pelo nome

de **tiptologia**. A mesa não é senão um instrumento de que ele então se serve como o faz com o lápis para escrever, dando-lhe vitalidade momentânea, pelo fluido com que a penetra, mas não se identifica com ela.

As pessoas que, presas de emoção, vendo manifestar-se-lhes um ser querido, abraçam a mesa, praticam um ato ridículo, porque é absolutamente o mesmo que abraçar a bengala de que se servisse um indivíduo para bater. O mesmo podemos dizer relativamente àquelas que dirigem a palavra à mesa, como se o Espírito se achasse encerrado na madeira, ou se a madeira se tivesse tornado Espírito. Por ocasião das comunicações dessa ordem, o Espírito não se acha na mesa, mas ao lado do móvel, **tal como o faria se fosse vivo**; e assim o veríamos, se nessa ocasião ele pudesse tornar-se visível. Dá-se o mesmo com as comunicações por escrito: o Espírito coloca-se ao lado do médium, dirigindo-lhe a mão ou transmitindo-lhe o seu pensamento por uma corrente fluídica.

Quando a mesa se levanta do solo e permanece no ar, sem ponto de apoio, não é com força braçal que o Espírito a suspende, e sim pela ação de uma atmosfera fluídica com que ele a envolve e penetra — fluidos que neutralizam o efeito da gravitação, como o faz o ar com os balões e papagaios. Esse fluido, penetrando a mesa, dá-lhe momentaneamente maior leveza específica. Quando a mesa se encontra colada no solo, acha-se em caso análogo ao da campânula pneumática em que se fez vácuo. São simples comparações estas, para mostrar a analogia dos efeitos e nunca absoluta semelhança das causas.

Quando a mesa persegue alguém, não é o Espírito que corre, porque ele pode ficar tranqüilamente em seu lugar, e somente lhe dar, por uma corrente fluídica, o impulso preciso para que ela se mova, segundo a sua vontade. Nas pancadas que se fazem ouvir na mesa, ou em outra parte qualquer, não é o Espírito quem bate com a mão ou com algum objeto; ele lança, sobre o ponto donde parte o ruído, um jato de fluido que produz o efeito de um choque elétrico e modifica os sons, como se pode modificar os que são produzidos pelo ar.

Assim, facilmente se compreende a possibilidade de o Espírito erguer no ar uma pessoa, como levantar um móvel qualquer, transportar um objeto de um para outro lugar, ou atirá-lo a qualquer parte.

É uma só lei que regula tais fenômenos.

32.   Pelo pouco que dissemos, pode-se ver que as manifestações espíritas, de qualquer natureza, nada têm de maravilhoso e sobrenatural; são fenômenos que se produzem em virtude da lei que rege as relações do mundo visível com o invisível, lei tão natural quanto as da eletricidade, da gravidade etc.

O Espiritismo é a ciência que nos faz conhecer essa lei, como a mecânica nos ensina as do movimento, a óptica as da luz etc.

Pertencendo à Natureza, as manifestações espíritas se deram em todos os tempos; a lei que as dirige, uma vez conhecida, vem explicar-nos grande número de problemas julgados sem solução; ela é a chave de uma multidão de fenômenos explorados e amplificados pela superstição.

34 O que é o Espiritismo

2ª LIÇÃO

Comunicação com o mundo invisível
(continuação)

33. Afastado o prisma maravilhoso, nada mais apresentam esses fatos que repugne à razão, pois que assim passam a ocupar o seu lugar no meio dos outros fenômenos naturais. Nos tempos de ignorância, eram reputados sobrenaturais todos os efeitos cuja causa não se conhecia; as descobertas da Ciência, porém, sucessivamente foram restringindo o círculo do maravilhoso, que o conhecimento da nova lei veio aniquilar.

34. As manifestações dos Espíritos são de duas naturezas: os efeitos físicos e as comunicações inteligentes.

Os primeiros são os fenômenos materiais ostensivos, tais como os movimentos, ruídos, transportes de objetos etc.; os outros consistem na troca regular de pensamentos por meio de sinais, da palavra e, principalmente, da escrita.

35. As comunicações que recebemos dos Espíritos podem ser boas ou más, justas ou falsas, profundas ou frívolas, consoante a natureza dos que se manifestam. Os que dão provas de sabedoria e erudição são Espíritos adiantados no caminho do progresso; os que se mostram ignorantes e maus são os ainda atrasados, mas que com o tempo hão de progredir.

Os Espíritos só podem responder sobre aquilo que sabem, segundo o seu estado de adiantamento, e ainda dentro dos limites do que lhes é permitido dizer-nos, porque há coisas que eles não devem revelar, por não ser ainda dado ao homem tudo conhecer.

36. Da diversidade de qualidades e aptidões dos Espíritos, resulta que não basta dirigirmo-nos a um Espírito qualquer para obtermos uma resposta segura a qualquer questão porque, acerca de muitas coisas, ele não nos pode dar mais que a sua opinião pessoal, a qual pode ser justa ou errônea. Se ele é prudente, não deixará de confessar sua ignorância sobre o que não conhece; se é frívolo ou mentiroso, responderá de qualquer forma, sem se importar com a verdade; se é orgulhoso, apresentará suas idéias como verdades absolutas. Foi, por isso, que São João Evangelista disse: *não creiais em todo Espírito, mas examinai se os Espíritos são de Deus.*

36 O que é o Espiritismo

A experiência demonstra a sabedoria desse conselho. Há imprudência e leviandade em aceitar sem exame tudo o que vem dos Espíritos. É de necessidade que bem conheçamos o caráter daqueles que estão em relação conosco.

37. Reconhece-se a qualidade dos Espíritos por sua linguagem; a dos Espíritos verdadeiramente bons e superiores é sempre digna, nobre, lógica e isenta de contradições; nela encontramos a sabedoria, a benevolência, a modéstia e a mais pura moral; ela é concisa e despida de redundâncias. Na dos Espíritos inferiores, ignorantes ou orgulhosos, o vácuo das idéias é quase sempre preenchido pela abundância de palavras.

Todo pensamento evidentemente falso, toda máxima contrária à sã moral, todo conselho ridículo, toda expressão grosseira, trivial ou simplesmente frívola, enfim, toda manifestação de malevolência, de presunção ou arrogância, são sinais incontestáveis da inferioridade dos Espíritos.

38. Os Espíritos inferiores são mais ou menos ignorantes; seu horizonte moral é limitado, sua perspicácia restrita; eles não têm das coisas senão uma idéia muitas vezes falsa e incompleta, e, além disso, conservam-se ainda sob o império dos preconceitos terrestres, que eles tomam, às vezes, por verdades; por isso, são incapazes de resolver certas questões. E podem induzir-nos a erros, voluntária ou involuntariamente, sobre aquilo que nem eles mesmos compreendem.

Projeto VEK   37

39. Os Espíritos inferiores não são todos, por isso, essencialmente maus; alguns há que são apenas ignorantes e levianos; outros pilhéricos, espirituosos e divertidos, sabendo manejar a sátira fina e mordaz. Ao lado desses encontram-se, no mundo espiritual, como na Terra, todos os gêneros de perversidade e todos os graus de superioridade intelectual e moral.

40. Os Espíritos superiores não se ocupam senão de comunicações inteligentes que nos instruam; as manifestações físicas ou puramente materiais são, mais especialmente, obra dos Espíritos inferiores, vulgarmente designados sob o nome de Espíritos batedores, como, entre nós, as provas de grande força são executadas por saltimbancos e não por sábios.

41. Devemos sempre estar calmos e concentrados quando entrarmos em comunicação com os Espíritos. Nunca se deve perder de vista que eles são as almas dos homens e que é inconveniente fazer do seu trabalho um passatempo ou pretexto de divertimentos. Se lhes respeitamos os despojos mortais, maior respeito ainda nos devem merecer como Espíritos.

As reuniões frívolas, sem objetivo sério, faltam a um dever; os que as compõem esquecem-se de que, de um momento para outro, podem entrar no mundo dos Espíritos e não ficarão satisfeitos se os tratarem com pouca atenção.

42. O outro ponto igualmente essencial a considerar é

que os Espíritos são livres e só se comunicam quando querem, com quem lhes convém e quando as suas ocupações lhes permitem. Não estão às ordens e à mercê dos caprichos de quem quer que seja e a ninguém é dado fazê-los manifestar-se quando não o queiram, nem dizer o que desejam calar. Por isso, ninguém pode afirmar que tal Espírito há de responder ao seu apelo em dado momento, ou que há de responder a essa ou aquela pergunta. Asseverar o contrário é demonstrar ignorância dos princípios mais elementares do Espiritismo. Só o charlatanismo tem princípios infalíveis.

43. Os Espíritos são atraídos pela simpatia, semelhança de gostos, caracteres e intenção dos que desejam a sua presença.

Os Espíritos superiores não vão às reuniões fúteis, como um sábio da Terra não vai a uma assembléia de pessoas levianas. O simples bom senso nos diz que isso não pode ser de outro modo. Se acaso, porém, eles aí se mostram algumas vezes, é somente com o fim de dar um conselho salutar, combater os vícios, reconduzir ao bom caminho os que dele se iam afastando. Se não forem atendidos, retiram-se.

Forma juízo completamente errôneo aquele que crê que Espíritos sérios se prestem a responder a futilidades, a questões ociosas em que se lhes manifeste pouca afeição, falta de respeito e nenhum desejo de se instruir; e ainda menos que eles venham dar-se em espetáculo para diversão dos curiosos. Vivos, eles não fariam;

mortos, também não o fazem.

44. A frivolidade das reuniões tem como resultado atrair os Espíritos levianos que só procuram ocasião de enganar e mistificar.

Pelo mesmo motivo que os homens graves e sérios não comparecem às assembléias de medíocre importância, os Espíritos sérios só comparecem às reuniões sérias, que têm por fim, não a curiosidade, porém, a instrução. É nessas assembléias que os Espíritos superiores dão ensinamentos.

45. Do que precede, resulta que toda reunião espírita, para ser proveitosa, deve, como condição primordial, ser séria, em recolhimento, devendo aí proceder-se com respeito, religiosidade e dignamente, se se quer obter o concurso habitual dos bons Espíritos.

Convém não esquecer que se esses mesmos Espíritos aí se tivessem apresentado, quando encarnados, ter-se-ia com eles todas as considerações a que depois de desencarnados ainda têm mais direito.

46. Em vão se alega a utilidade de certas experiências curiosas, frívolas e divertidas, para convencer os incrédulos; é a um resultado contrário que se chega. O incrédulo, já propenso a escarnecer das mais sagradas crenças, não pode ver uma coisa séria naquilo de que se zomba, nem pode respeitar o que não lhe é apresentado de modo respeitável; por isso, retira-se sempre com má impressão das reuniões fúteis e levianas, onde não encontra

ordem, gravidade e recolhimento. O que, sobretudo, pode convencê-lo, é a prova da presença de seres cuja memória lhe é cara; é diante de suas palavras graves e solenes, de suas revelações íntimas, que o vemos comover-se e empalidecer.

Mas, pelo fato mesmo de ele ter respeito, veneração e amor à pessoa cuja alma se lhe apresenta, fica chocado e escandalizado ao vê-la mostrar-se em uma assembléia irreverente, no meio de mesas que dançam e das artimanhas dos Espíritos brincalhões. Incrédulo como é, sua consciência repele essa aliança do sério com o ridículo, do religioso com o profano; por isso tacha tudo de charlatanismo e, muitas vezes, sai menos convicto do que entrou.

As reuniões dessa natureza fazem sempre mais mal que bem, porque afastam da Doutrina maior número de pessoas do que atraem; além de que, prestam-se à crítica dos detratores, que assim acham fundados motivos para zombarias.

47.   Erra quem considera brinquedo as manifestações físicas; se não têm a importância do ensino filosófico, têm sua utilidade do ponto de vista dos fenômenos, pois que são o alfabeto da ciência, da qual deram a chave. Ainda que menos necessárias hoje, elas ainda concorrem para a convicção de algumas pessoas.

De nenhum modo, porém, são elas incompatíveis com a ordem e a decência que deve haver nessas reuniões experimentais; se sempre as praticassem convenientemente, convenceriam com mais facilidade e produziriam, sob todos os aspectos, muito melhores resultados.

48. Certas pessoas fazem uma idéia muito falsa das evocações; algumas crêem que elas consistem em fazer sair da tumba os mortos, com todo o aparato lúgubre. O pouco que a respeito temos dito, deverá dissipar tal erro. É só nos romances, nos contos fantásticos de almas do outro mundo e no teatro que aparecem os mortos descarnados, saindo dos sepulcros, envoltos em mortalhas e fazendo chocalhar os ossos. O Espiritismo, que nunca fez milagres, não produz este e jamais pretendeu fazer reviver um corpo morto.

Quando o corpo está na tumba, não sairá mais dela; porém, o ser espiritual, fluídico e inteligente, aí não se acha com esse grosseiro invólucro, do qual se separou no momento da morte, e, uma vez operada essa separação, nada mais há de comum entre eles.

49. A crítica malévola representou as comunicações espíritas como mescladas pelas práticas ridículas e supersticiosas da magia e da nigromancia; se aqueles que falam do Espiritismo, sem conhecê-lo, se dessem ao trabalho de estudá-lo, teriam poupado esses desperdícios de imaginação, que só servem para provar sua ignorância ou má-fé.

Às pessoas estranhas à ciência espírita cumpre-nos dizer que, para nos comunicarmos com os Espíritos, não há dias, horas e lugares mais próprios uns que os outros; que, para evocá-los, não existem fórmulas nem palavras sacramentais ou cabalísticas; que não se precisa para isso de preparação alguma, nem de iniciação; que o material, seja para atraí-los, seja para repeli-los, não exerce efeito algum, bastando só o pensamento; e, finalmente, que os médiuns recebem as comunicações, tão simples e naturalmente como se fossem ditadas por uma pessoa viva. Só o charlatanismo pode inventar o emprego de modos excêntricos e acessórios ridículos.

O apelo aos Espíritos faz-se em nome de Deus, com respeito e recolhimento; é a única coisa que se recomenda às pessoas sérias que desejem entrar em relação com Espíritos sérios.

Finalidade das manifestações espíritas

50.   O fim providencial das manifestações é convencer os incrédulos de que tudo para o homem não se acaba com a vida terrestre, e dar aos crentes idéias mais justas sobre o futuro.

Os bons Espíritos nos vêm instruir para o nosso melhoramento e avanço e não nos revelar o que não devemos saber ainda, ou o que deve ser conseguido pelo nosso trabalho.

Se bastasse interrogar os Espíritos para obter a solução de todas as dificuldades científicas, ou para fazer descobertas e invenções lucrativas, todo ignorante podia tornar-se sábio sem estudar, todo preguiçoso ficar rico sem trabalhar; é o que Deus não quer.

Os Espíritos ajudam o homem de gênio pela inspiração oculta, mas não o eximem do trabalho nem das investigações, a fim de lhe deixar o mérito.

51. Faria idéia bem falsa dos Espíritos, quem neles quisesse ver auxiliares de adivinhos. Os Espíritos sérios se recusam a ocupar de coisas fúteis; os frívolos e zombeteiros tratam de tudo, respondem a tudo, predizem tudo o que se quer, sem se importarem com a verdade, e encontram maligno prazer em mistificar as pessoas demasiado crédulas.

52. Fora do terreno do que pode ajudar o nosso progresso moral, só há incerteza nas revelações que se podem obter dos Espíritos.

A primeira conseqüência má, para aquele que desvia sua faculdade do fim providencial, é ser mistificado pelos Espíritos enganadores que pululam ao redor dos homens; a segunda é cair sob o domínio desses mesmos Espíritos, que podem, por pérfidos conselhos, conduzi-lo a adversidades morais e materiais na Terra; a terceira é perder, depois da vida terrestre, o fruto do conhecimento do Espiritismo.

53. As manifestações não são, pois, destinadas a servir aos interesses materiais; sua utilidade está nas conseqüências morais que delas dimanam; não tivessem elas, porém, como resultado, senão fazer conhecer uma nova lei da Natureza, demonstrar materialmente a existência da alma e sua imortalidade, e já isso seria muito, porque era largo caminho novo aberto à Filosofia.

O que é o Espiritismo

Os médiuns

54. Os médiuns apresentam numerosíssimas variedades nas suas aptidões, o que os torna mais ou menos capacitados para obtenção de tal ou tal fenômeno, de tal ou tal gênero de comunicação. Segundo essas aptidões, distinguimo-los por médiuns de efeitos físicos, de comunicações inteligentes. Estes últimos podem ser videntes, falantes, auditivos, sensitivos, pintores, poliglotas, poetas, músicos, escreventes etc.

Sem o conhecimento das aptidões mediúnicas, o observador não pode achar a explicação de certas dificuldades ou certas impossibilidades que se encontram na prática.

Não devemos esperar do médium, portanto, aquilo que está fora dos limites da sua faculdade.

55. Os médiuns de efeitos físicos são mais particularmente aptos para provocar fenômenos materiais, como movimentos, pancadas etc., com o auxílio de mesas e outros objetos; quando esses fenômenos revelam um pensamento ou obedecem a uma vontade, são efeitos inteligentes que, por isso mesmo, denotam uma causa inteligente: é um dos modos por que os Espíritos se manifestam.

Por meio de um número de pancadas convencionadas, obtêm-se as respostas sim ou não, ou, então, a designação das letras do alfabeto que servem para formar palavras ou frases. Esse meio primitivo é muito demorado e não se presta a grandes desenvolvimentos.

As mesas falantes foram a estréia da ciência espírita; hoje, porém, quando se possuem meios de comunicação tão rápidos e completos, ninguém mais recorre àqueles senão acidentalmente e como experimentação.

56. De todos os meios de comunicação, a escrita é, ao mesmo tempo, o mais simples, o mais rápido, o mais cômodo, e que permite mais desenvolvimento; é também a faculdade que se encontra mais freqüentemente.

57. Para obter a escrita serviram-se, no princípio, de intermediários materiais, como cestinhas, pranchetas etc., munidas de um lápis. Mais tarde reconheceu-se a inutilidade desses acessórios e a possibilidade, para os médiuns, de escrever diretamente com a mão, como nas circunstâncias ordinárias.

58. O médium escreve sob a influência dos Espíritos, que se servem dele como de um instrumento; sua mão é arrastada por um movimento involuntário, que, o mais das vezes, não pode dominar.

Certos médiuns não têm consciência alguma do que escrevem, outros a têm mais ou menos vaga, ainda quando o pensamento lhes seja estranho; é o que distingue os médiuns mecânicos dos *médiuns intuitivos* ou *semi-mecânicos*.

A ciência espírita explica o modo de transmissão

46 O que é o Espiritismo

do pensamento do Espírito ao médium, e o papel deste último nas comunicações.

59. O médium não tem mais que a faculdade de se poder comunicar, mas a comunicação efetiva depende da vontade dos Espíritos. Se estes não quiserem manifestar-se, aquele nada obterá; será qual instrumento sem músico que o toque.

Visto que os Espíritos só se comunicam quando querem ou podem, não estão sujeitos ao capricho de ninguém; nenhum médium tem o poder de forçá-los a se manifestarem. Isto explica a intermitência da faculdade nos melhores médiuns, e as interrupções que sofrem, às vezes, durante muitos meses. Seria pois, um erro comparar a mediunidade a uma propriedade do talento. O talento adquire-se pelo trabalho; quem o possui é sempre dele senhor; ao passo que o médium nunca o é de sua faculdade, pois que ela depende de vontade estranha.

60. Os médiuns de efeitos físicos que obtêm, regularmente e à vontade, a produção de certos fenômenos, admitindo que não haja embuste, estão em relação com Espíritos de baixa esfera que se comprazem nessa espécie de exibições, e que talvez foram prestidigitadores quando na Terra; seria, porém, absurdo pensar que Espíritos, mesmo de pouca elevação, se divirtam em executar farsas teatrais.

61. A obscuridade necessária à produção de certos

efeitos físicos, presta-se, sem dúvida, à suspeita, mas nada prova contra a realidade deles.

Sabemos que em Química algumas combinações não podem ser operadas à luz; que muitas composições e decomposições se produzem sob a ação do fluido luminoso; ora, todos os fenômenos espíritas são resultantes de uma combinação dos fluidos próprios do Espírito com os do médium; desde que esses fluidos são matéria, não admira que, em certas circunstâncias, essa combinação seja contrariada pela presença da luz.

62. As comunicações inteligentes realizam-se igualmente pela ação fluídica do Espírito sobre o médium, sendo preciso que o fluido deste último se identifique com o do Espírito. A facilidade das comunicações depende do *grau de afinidade* existente entre os dois fluidos. Cada médium é assim mais ou menos apto para receber a impressão ou a impulsão do pensamento de tal ou tal Espírito; podendo ser bom instrumento para um e péssimo para outro. Resulta daí que se achando juntos dois médiuns, igualmente bem dotados, poderá o Espírito manifestar-se por um e não por outro.

63. É um erro acreditar-se que basta ser médium para receber, com igual facilidade, comunicações de qualquer Espírito.

Não existem médiuns universais para as evocações, nem com aptidão para produzir todos os fenômenos.

Os Espíritos buscam, de preferência, os

48   O que é o Espiritismo

instrumentos que lhes sejam mais apropriados; impor-lhes o primeiro médium que tenhamos à mão, seria o mesmo que obrigar uma pianista a tocar violino, supondo que, por saber música, pode ela tocar qualquer instrumento.

64.   Sem harmonia, que só pode nascer da assimilação fluídica, as comunicações são impossíveis, incompletas ou falsas. Podem ser falsas, porque, em vez do Espírito que se deseja, não faltam outros sempre prontos a manifestarem-se e que pouco se importam com a verdade.

65.   A assimilação fluídica é, algumas vezes, totalmente impossível entre certos Espíritos e certos médiuns; outras vezes, e é o caso mais comum, ela não se estabelece senão gradualmente e com o tempo. É o que explica a maior facilidade com que os Espíritos se manifestam pelo médium com que estão mais habituados; e também porque as primeiras comunicações atestam quase sempre certo constrangimento e são menos explícitas.

66.   A assimilação fluídica é tão necessária nas comunicações pela tiptologia como pela escrita, visto que, tanto num como noutro caso, se trata de transmissão do pensamento do Espírito, qualquer que seja o meio material por que ela se faça.

67.   Não se pode impor um médium ao Espírito que se

quer evocar, convindo deixar-lhe a escolha do instrumento. Em todo o caso, é necessário que o médium se identifique previamente com o Espírito, pelo recolhimento e pela prece, durante alguns minutos, e mesmo vários dias antes, se for possível, de modo a provocar e ativar a assimilação fluídica. É o meio de atenuar a dificuldade.

68. Quando as condições fluídicas não são propícias à comunicação direta do Espírito ao médium, ela pode fazer-se por intermédio do guia espiritual deste último; neste caso, o pensamento não vem senão em segunda mão, isto é, depois de haver atravessado dois meios. Compreende-se, então, quanto é importante ser o médium bem assistido; porque, se ele o for por um Espírito obsessor, ignorante ou orgulhoso, a comunicação será necessariamente adulterada. Aqui as qualidades pessoais do médium desempenham um papel importante, pela natureza dos Espíritos que ele atrai a si. Os mais indignos médiuns podem possuir poderosas faculdades, porém, os mais seguros são os que a esse poder reúnem as melhores simpatias no mundo espiritual; ora, essas simpatias não ficam, de forma alguma, demonstradas pelos nomes, mais ou menos imponentes, revestidos pelos Espíritos que assinam as comunicações, mas, sim pelo fundo **constantemente bom** das mesmas.

69. Qualquer que seja o modo de comunicação, a prática do Espiritismo, do ponto de vista experimental,

apresenta numerosas dificuldades e não é isenta de inconvenientes para quem não tem a experiência necessária.

Quer se experimente mesmo, quer se seja simples observador das experiências de outrem, é essencial saber distinguir as diferentes naturezas dos Espíritos que se podem manifestar, conhecer a causa de todos os fenômenos, as condições em que se podem produzir, os obstáculos que lhe podem ser opostos, a fim de que não se perca tempo, pedindo o impossível. Não é menos necessário conhecer todas as condições e escolhos da mediunidade, a influência do meio, das disposições morais etc.

Escolhos da mediunidade

70. Um dos maiores escolhos da mediunidade é a obsessão, isto é, o domínio que certos Espíritos podem exercer sobre os médiuns, impondo-se-lhes sob nomes apócrifos e impedindo que se comuniquem com outros Espíritos. É também um obstáculo com que se depara a todo observador novato e inexperiente que, não conhecendo os caracteres desse fenômeno, pode ser iludido pelas aparências, como aquele que, desconhecendo a Medicina, pode enganar-se sobre a causa e natureza de qualquer mal.

Se o estudo prévio, neste caso, é útil para o observador, mais indispensável é ao médium, a quem fornece os meios de prevenir um inconveniente que lhe poderia trazer bem desagradáveis conseqüências. Assim, é pouca toda recomendação para que o estudo preceda à prática.

71. A obsessão apresenta três graus principais bem característicos: a *obsessão simples*, a *fascinação* e a *subjugação*. No primeiro, o médium tem perfeitamente consciência de não obter coisa alguma boa; ele não se ilude acerca da natureza do Espírito que se obstina em se lhe manifestar, e do qual deseja desembaraçar-se. Este caso não oferece gravidade alguma: é um simples incômodo, do qual o médium se liberta, deixando momentaneamente de atuar. O Espírito, cansando-se de não ser ouvido, acaba por se retirar.

A fascinação obsessional é muito mais grave, porque nela o médium é completamente iludido. O Espírito que o domina apodera-se de sua confiança, a ponto de impedi-lo de julgar as comunicações que recebe, fazendo-lhe achar sublimes os maiores absurdos. O caráter distintivo deste gênero de obsessão é provocar no médium uma excessiva suscetibilidade e levá-lo a não acreditar bom, justo e verdadeiro senão o que ele transmite; a repelir e, mesmo, considerar mau todo conselho e toda observação crítica, preferindo romper com os amigos a convencer-se de que está sendo enganado; a encher-se de inveja contra os outros médiuns cujas comunicações sejam julgadas melhores que as suas; a querer impor-se nas reuniões espíritas, das quais se afasta quando não pode dominá-las. Essa

52   O que é o Espiritismo

atuação do Espírito pode chegar a ponto de o indivíduo ser conduzido a dar os passos mais ridículos e comprometedores.

72.   Um dos caracteres distintivos dos maus Espíritos é a imposição; eles dão ordens e querem ser obedecidos; os bons nunca se impõem; dão conselhos, e, se não são atendidos, retiram-se. Resulta daí que a impressão que em nós produzem os maus Espíritos é sempre penosa, fatigante e muitas vezes desagradável; ela provoca uma agitação febril, movimentos bruscos e desordenados; a dos bons, pelo contrário, é calma, branda e agradável.

73.   A *subjugação obsessional* designada outrora sob o nome de *possessão*, é um constrangimento físico exercido sempre por Espíritos da pior espécie e que pode ir à neutralização do livre-arbítrio do paciente. Ela se limita, muitas vezes a simples impressões desagradáveis; porém, em muitos casos provoca movimentos desordenados, atos insensatos, gritos, palavras injuriosas ou incoerentes, de que o subjugado, às vezes, compreende o ridículo, mas não pode abster-se. Este estado difere essencialmente da *loucura patológica* com que erradamente a confundem, pois na possessão não há lesão orgânica alguma; sendo diversa a causa, outros devem ser também os meios de curá-la.

        A aplicação de tratamentos inadequados poderá, muitas vezes, determinar o aparecimento de uma verdadeira loucura, onde só havia uma causa moral.

74.   Na loucura propriamente dita, a causa do mal é

Projeto VEK 53

interna; importa restituir o organismo ao seu estado normal; na subjugação, essa causa é externa, e tem-se necessidade de libertar o doente de um inimigo invisível, não lhe opondo remédios materiais, porém **uma força moral superior à dele**. A experiência prova que nunca, em tal caso, os exorcismos produziram resultado satisfatório: antes agravaram que melhoraram a situação.

Indicando a verdadeira fonte do mal, só o Espiritismo pode dar os meios de combatê-lo, fazendo a educação moral do Espírito obsessor. Por conselhos prudentemente dirigidos, chega-se a torná-lo melhor e a fazê-lo renunciar voluntariamente à atormentação do enfermo, que então fica livre.

75. A subjugação obsessional é ordinariamente individual; quando porém, uma falange de Espíritos maus se lança sobre uma povoação, ela pode apresentar caráter epidêmico. Foi um fenômeno desse gênero que se verificou na Palestina ao tempo do Cristo; só um poder moral superior podia então domar esses entes malfazejos, designados sob o nome de *demônios*, e restituir a calma às suas vítimas. E Jesus fez isto para nos dar o exemplo de como proceder.

76. Um fato importante a considerar-se é que a obsessão, qualquer que seja a sua natureza, é independente da mediunidade, e que ela se encontra em todos os graus, principalmente o último, em um grande número de pessoas que nunca ouviram falar de

Espiritismo. De fato, os Espíritos, tendo existido em todos os tempos, têm sempre exercido a mesma influência; a mediunidade não é uma causa, mas simples modo de manifestação dessa influência; pelo que podemos dizer com certeza que todo médium obsidiado sofre de um modo qualquer e, muitas vezes, nos atos mais comuns da sua vida, os efeitos dessa influência que, sem a mediunidade, se manifestaria por outros efeitos, muitas vezes atribuídos a *enfermidades misteriosas*, que escapam às investigações da Medicina. Pela mediunidade o ente maléfico denuncia a sua presença; sem ela, é um inimigo oculto, de quem se não desconfia.

77. Os que repelem tudo que não afete os nossos sentidos, não admitem essa causa oculta; mas, quando a ciência tiver saído da senda materialista, reconhecerá na ação do mundo invisível que nos cerca, e no meio do qual vivemos, um poder que reage sobre as coisas físicas, assim como sobre as morais. Esse será um novo caminho aberto ao progresso e a chave de grande número de fenômenos até hoje mal compreendidos.

78. Como a obsessão nunca pode ser produto de um bom Espírito, torna-se um ponto essencial o saber reconhecer-se a natureza dos que se apresentam.

O médium não esclarecido pode ser enganado pelas aparências, mas o prevenido percebe o menor sinal suspeito, e o Espírito, vendo que nada pode fazer, retira-se.

O conhecimento prévio dos meios de distinguir os bons dos maus Espíritos é, pois, indispensável ao médium que se não quer expor a cair num laço. Ele o é também ao simples observador, que pode, por esse meio, apreciar o justo valor do que vê e ouve.

3ª LIÇÃO

Qualidades dos médiuns

79.   A faculdade mediúnica é uma propriedade do organismo e não depende das qualidades morais do médium; ela se nos mostra desenvolvida, tanto nos mais dignos, como nos mais indignos. Não se dá, porém, o mesmo com a preferência que os Espíritos bons dão ao médium.

80.   Os Espíritos bons se comunicam mais ou menos de boa-vontade por esse ou aquele médium, segundo a simpatia que lhe votam.

A boa ou má qualidade de um médium não deve ser julgada pela facilidade com que ele obtém comunicações, mas por sua aptidão em recebê-las boas e em não ser ludibriado pelos Espíritos levianos e enganadores.

81. Os médiuns menos moralizados recebem também, algumas vezes, excelentes comunicações, que não podem vir senão de bons Espíritos, o que não deve ser motivo de espanto; é muitas vezes no interesse dos médiuns e com o fim de dar-lhes sábios conselhos. Se eles os desprezam, maior será a sua culpa, porque são eles que lavram a sua própria condenação. Deus, cuja bondade é infinita, não pode recusar assistência àqueles que mais necessitam dela. O virtuoso missionário que vai moralizar os criminosos, não faz mais que os bons Espíritos com os médiuns imperfeitos.

De outra sorte, os bons Espíritos, querendo dar um ensino útil a todos, servem-se do instrumento que têm à mão; porém, deixam-no logo que encontram outro que lhes seja mais afim e melhor se aproveite de suas lições.

Retirando-se os bons Espíritos, os inferiores, que pouco se importam com as más qualidades morais do médium, acham então o campo livre. Resulta daí que os médiuns imperfeitos, moralmente falando, os que não procuram emendar-se, tarde ou cedo são presas dos maus Espíritos, que, muitas vezes, os conduzem à ruína e às maiores desgraças, mesmo na vida terrena.

Quanto à sua faculdade, tão bela no começo e que assim devia ter sido conservada, perverte-se pelo abandono dos bons Espíritos, e, afinal, desaparece.

82. Os médiuns de mais mérito não estão ao abrigo das mistificações dos Espíritos embusteiros; primeiro, porque não há ainda, entre nós, pessoa bastante perfeita,

para não ter algum lado fraco, pelo qual dê acesso aos maus Espíritos; segundo, porque os bons Espíritos permitem mesmo, às vezes, que os maus Espíritos venham, a fim de exercitarmos a nossa razão, aprendermos a distinguir a verdade do erro e ficarmos de prevenção, não aceitando cegamente e sem exame tudo quanto nos venha dos Espíritos; nunca, porém, um Espírito bom virá nos enganar; o erro, qualquer que seja o nome que o apadrinhe, vem de uma fonte má.

Essas mistificações ainda podem ser uma prova para a paciência e perseverança do espírita, médium ou não; e aqueles que desanimam, com algumas decepções, dão prova aos bons Espíritos de que não são instrumentos com que eles possam contar.

83. Não nos deve admirar ver maus Espíritos obsidiarem pessoas de mérito, quando vemos na Terra homens de bem perseguidos por aqueles que não o são.

É digno de nota que, depois da publicação de *O Livro dos Médiuns,* em 1861, o número de médiuns obsidiados diminuiu muito; os médiuns, prevenidos, tornam-se vigilantes e espreitam os menores indícios que lhes podem denunciar a presença de mistificadores. A maioria dos que se mostram ainda nesse estado não fizeram o estudo prévio recomendado, ou não deram importância aos conselhos que receberam.

84. O que constitui o médium, propriamente dito, é a faculdade; sob este ponto de vista, pode ser mais ou menos formado, mais ou menos desenvolvido.

O médium seguro, aquele que pode ser realmente qualificado de bom médium, é o que aplica a sua faculdade, buscando tornar-se apto a servir de intérprete aos bons Espíritos.

O poder que tem o médium de atrair os bons e repelir os maus Espíritos está na razão da sua superioridade moral, da posse do maior número de qualidades que constituem o homem de bem; é por esses dotes que se concilia a simpatia dos bons e se adquire ascendência sobre os maus Espíritos.

85. Pelo mesmo motivo, as imperfeições morais do médium, aproximando-o da natureza dos maus Espíritos, tiram-lhe a influência necessária para afastá-los de si; em vez de se impor, sofre a imposição destes.

Isto não só se aplica aos médiuns, como também a todos indistintamente, visto que ninguém há que não esteja sujeito à influência dos Espíritos. (Ver acima, números 74 e 75.)

86. Para impor-se ao médium, os maus Espíritos sabem explorar habilmente todas as suas fraquezas, e, entre os nossos defeitos, o que lhes dá margem maior é o orgulho, sentimento que se encontra mais dominante na maioria dos médiuns obsidiados e, principalmente, nos fascinados. É o orgulho que faz se julguem infalíveis e repilam todos os conselhos.

Esse sentimento é infelizmente excitado pelos elogios de que são objeto; basta que o médium apresente faculdade um pouco transcendente para que o busquem,

60 O que é o Espiritismo

o adulem, dando lugar a que ele exagere sua importância e se julgue como indispensável, o que vem a perdê-lo.

87. Enquanto o médium imperfeito se orgulha pelos nomes ilustres, freqüentemente apócrifos, que assinam as comunicações por ele recebidas e se considera intérprete privilegiado das potências celestes, o bom médium nunca se crê bastante digno de tal favor; ele tem sempre uma salutar desconfiança do merecimento do que recebe e não se confia no seu próprio juízo; não sendo senão instrumento passivo, compreende que o bom resultado não lhe confere mérito pessoal, como nenhuma responsabilidade lhe cabe pelo mau; e que seria ridículo crer na identidade absoluta dos Espíritos que se lhe manifestam. Deixa que terceiros, desinteressados, julguem do seu trabalho, sem que o seu amor-próprio se ofenda por qualquer decisão contrária, do mesmo modo que um ator não se pode dar por ofendido com as censuras feitas à peça de que é intérprete.

O seu caráter distintivo é a simplicidade e a modéstia; julga-se feliz com a faculdade que possui, não por vanglória, mas por lhe ser um meio de tornar-se útil, o que faz voluntariamente quando se lhe oferece ocasião, sem jamais incomodar-se por não o preferirem aos outros.

Os médiuns são os intermediários, os intérpretes dos Espíritos; ao evocador e, mesmo, ao simples observador, cabe apreciar o mérito do instrumento.

88. Como todas as outras faculdades, a mediunidade é

um dom de Deus, que se pode empregar tanto para o bem quanto para o mal, e da qual se pode abusar. Seu fim é pôr-nos em relação direta com as almas daqueles que viveram, a fim de recebermos ensinamentos e iniciações da vida futura.

Assim como a vista nos põe em relação com o mundo visível, a mediunidade nos liga ao invisível. Aquele que dela se utiliza para o seu adiantamento e o de seus irmãos, desempenha uma verdadeira missão e será recompensado. O que abusa e a emprega em coisas fúteis ou para satisfazer interesses materiais, desvia-a do seu fim providencial, e, tarde ou cedo, será punido, como todo homem que faça mau uso de uma faculdade qualquer.

Charlatanismo

89. Certas manifestações espíritas facilmente se prestam à imitação; porém, apesar de as terem explorado os prestidigitadores e charlatães, do mesmo modo que o fazem com tantos outros fenômenos, é absurdo crer-se que elas não existam e sejam sempre produto do charlatanismo.

Quem estudou e conhece as condições normais em que elas se dão, distingue a imitação da realidade; além disso, aquela nunca pode ser completa e só ilude o ignorante, incapaz de distinguir as diferenciações características do fenômeno verdadeiro.

62   O que é o Espiritismo

90. As manifestações que se imitam, com mais facilidade, são as de efeitos físicos e as de efeitos inteligentes vulgares, como movimentos, pancadas, transportes, escrita direta, respostas banais etc.; não se dá o mesmo, porém, com as comunicações inteligentes de elevado alcance; para imitar aquelas, bastam destreza e habilidade; ao passo que, para simular as últimas, se torna necessária, quase sempre, uma instrução pouco comum, uma superioridade intelectiva excepcional, uma faculdade de improvisação universal, se assim nos permitem classificá-la.

91. Os que não conhecem o Espiritismo são geralmente induzidos a suspeitar da boa-fé dos médiuns. Só o estudo e a experiência lhes poderão fornecer os meios de se certificarem da realidade dos fatos. Fora disso, a melhor garantia que podem ter está no desinteresse absoluto e na probidade do médium. Há pessoas que, por sua posição e caráter, estão acima de qualquer suspeita.

Se a tentação do lucro pode excitar à fraude, o bom-senso diz que o charlatanismo não se mostra onde nada tem a ganhar.

92. Entre os adeptos do Espiritismo, encontram-se entusiastas e exaltados, como em todas as coisas; são, em geral, os piores propagadores, porque a facilidade com que, sem exame, aceitam tudo, desperta desconfiança.

O espírita esclarecido repele esse entusiasmo cego, observa com frieza e calma, e, assim, evita ser vítima

Projeto VEK 63

de ilusões e mistificações. À parte toda a questão de boa-fé, o observador novato deve, antes de tudo, inteirar-se da gravidade do caráter daqueles a quem se dirige.

Identidade dos Espíritos

93. Uma vez que no meio dos Espíritos se encontram todos os caprichos da Humanidade, não podem deixar de existir entre eles os ardilosos e os mentirosos. Alguns não têm o menor escrúpulo de se apresentar sob os mais respeitáveis nomes, com o fim de inspirarem mais confiança. Devemos, pois, abster-nos de crer de um modo absoluto na autenticidade de todas as assinaturas de Espíritos.

94. A identidade é uma das grandes dificuldades do Espiritismo prático, sendo muitas vezes impossível verificá-la, sobretudo quando se trata de Espíritos superiores, antigos relativamente à nossa época. Entre os que se manifestam, muitos não têm nomes para nós; mas, então, para fixar as nossas idéias, eles podem tomar o de um Espírito conhecido, da mesma categoria. Portanto, se um Espírito comunicar-se com o nome de S. Pedro, por exemplo, nada nos prova que seja precisamente o apóstolo desse nome; tanto pode ser ele como outro da mesma ordem, como ainda um enviado seu. A questão da identidade é, neste caso, inteiramente secundária e seria pueril atribuir-lhe

importância. O que importa é a natureza do ensino, se é bom ou mau, digno ou indigno da personagem que o assina; se esta o subscreveria ou repeliria: eis a questão.

95. A identidade é de mais fácil verificação quando se trata de Espíritos contemporâneos, cujo caráter e hábitos sejam conhecidos, porque é por esses mesmos hábitos e particularidades da vida privada que a identidade se revela mais seguramente e, muitas vezes, de modo incontestável.

Quando se evoca um parente ou um amigo, é a personalidade que interessa, e então é muito natural buscar-se reconhecer a identidade. Os meios, porém, que geralmente emprega para isso quem não conhece o Espiritismo, senão imperfeitamente, são insuficientes e podem induzir a erro.

96. O Espírito revela sua identidade por grande número de circunstâncias, patenteadas nas comunicações, nas quais se refletem seus hábitos, caráter, linguagem e até locuções familiares. Ela se revela ainda nos detalhes íntimos facilmente reconhecidos pelas pessoas a quem ama; e isto se constitui nas melhores provas. Todavia, se pessoas que lhe são indiferentes ou estranhas lhe perguntam algo, como que forçando-o a identificar-se, ou mesmo para satisfazer a uma curiosidade qualquer, ele geralmente se recusa a atender.

Sendo livre, para expressar-se ou não, o Espírito se permite conhecer como quer e pode, segundo o gênero de faculdade do seu intérprete (vidência, audiência,

Projeto VEK 65

psicografia ...) e às vezes fornece provas abundantes que o identificam sem qualquer embaraço; o erro está em querer que ele as dê, como deseja o evocador; é então que ele recusa a sujeitar-se às exigências.

Contradições

97. As contradições que freqüentemente se notam, na linguagem dos Espíritos, não podem causar admiração senão àqueles que só possuem da ciência espírita um conhecimento incompleto, pois são a conseqüência da natureza mesma dos Espíritos, que, como já dissemos, não sabem as coisas senão na razão do seu adiantamento, sendo que muitos podem saber menos que certos homens.

Sobre grande número de pontos, eles não emitem mais que a sua opinião pessoal, que pode ser mais ou menos acertada, e conservar ainda um reflexo dos prejuízos terrestres de que não se despojaram. Outros forjam seus próprios sistemas, sobre aquilo que ainda não conhecem, particularmente no que diz respeito a questões científicas e à origem das coisas. Nada há, pois, de surpreendente, em que nem sempre estejam de acordo.

98. Espantam-se de encontrar comunicações contraditórias assinadas por um mesmo nome. Somente os Espíritos inferiores mudam de linguagem com as

circunstâncias, mas os Espíritos superiores nunca se contradizem.

Por pouco que esteja iniciado nos assuntos do mundo espiritual, sabe-se com que facilidade certos Espíritos adotam nomes diferentes, para dar mais crédito às suas palavras. Disso se pode inferir, com segurança, que duas comunicações, radicalmente contraditórias no fundo, que trazem o mesmo nome respeitável, uma delas é necessariamente apócrifa.

99. Dois meios podem servir para fixar as idéias sobre as questões duvidosas: primeiro é submeter todas as comunicações ao exame severo da razão, do bom-senso e da lógica; é uma recomendação que fazem todos os bons Espíritos e abstêm-se de fazê-la os maus, pois sabem não ter senão a perder com esse exame sério, pelo que evitam discussão e querem ser acreditados sob palavra. O segundo critério da verdade está na concordância do ensino. Quando o mesmo princípio é ensinado em muitos pontos por diferentes Espíritos e médiuns estranhos uns aos outros e isentos de idênticas influências, pode-se concluir que ele está mais próximo da verdade do que aquele que emana de uma só fonte e é contradito pela maioria.

Conseqüências do Espiritismo

100. Ante a incerteza das revelações feitas pelos

Espíritos, perguntarão: para que serve, então, o estudo do Espiritismo? Para provar materialmente a existência do mundo espiritual. Sendo o mundo espiritual formado pelas almas daqueles que viveram, resulta de sua admissão a prova da existência da alma e sua sobrevivência ao corpo. As almas que se manifestam nos revelam suas alegrias ou seus sofrimentos, segundo o modo por que empregaram o tempo de vida terrena; nisto temos a prova das penas e recompensas futuras.

Descrevendo-nos seu estado e situação, as almas ou Espíritos retificam as idéias falsas que faziam da vida futura e, principalmente, acerca da natureza e duração das penas. Passando assim a vida futura do estado de teoria vaga e incerta ao de fato conhecido e positivo, aparece a necessidade de trabalhar o mais possível, durante a vida presente, que é tão curta, em proveito da vida futura, que é indefinida.

Suponhamos que um homem de vinte anos tenha a certeza de morrer aos vinte e cinco anos, que fará ele nestes cinco anos que lhe restam? Trabalhará para o futuro? Certamente que não; procurará gozar o mais possível, acreditando ser uma tolice submeter-se a fadigas e privações, sem proveito. Se, porém, ele tiver a certeza de viver até aos oitenta anos, seu procedimento será outro, porque então compreenderá a necessidade de sacrificar alguns instantes do repouso atual para assegurar o repouso futuro, durante longos anos. O mesmo se dá com aquele que tem a certeza da vida futura.

A dúvida relativamente a esse ponto conduz naturalmente a tudo sacrificar aos gozos do presente; daí ligar-se excessiva importância aos bens materiais. A importância que se dá aos bens materiais excita a cobiça, a inveja e o ciúme do que tem pouco contra aquele que tem muito.

Da cobiça ao desejo de adquirir, por qualquer preço, o que o vizinho possui, o passo é simples; daí ódios, querelas, processos, guerras e todos os males engendrados pelo egoísmo.

Com a dúvida sobre o futuro, o homem, acabrunhado nesta vida pelo desgosto e pelo infortúnio, não vê senão na morte o termo dos seus sofrimentos; e assim, nada esperando, procura pelo suicídio a aproximação desse termo. Sem esperança de futuro é natural que o homem seja afetado e se desespere com as decepções por que passa. Os abalos violentos que experimenta, repercutem-lhe no cérebro e são a fonte da maioria dos casos de loucura.

Sem a vida futura, a atual se torna para o homem a coisa capital, o único objeto de suas preocupações, ao qual ele tudo subordina; por isso, quer gozar a todo custo, não só os bens materiais como as honrarias; aspira a brilhar, elevar-se acima dos outros, eclipsar os vizinhos por seu fausto e posição; daí a ambição desordenada e a importância que liga aos títulos e a todos os efeitos da vaidade, pelos quais ele é capaz de sacrificar a própria honra, porque nada mais vê além. A certeza da vida futura e de suas conseqüências muda-lhe totalmente a ordem de idéias e lhe faz ver as coisas por outro prisma; é um véu que se levanta descobrindo imenso e esplêndido horizonte.

Diante da infinidade e grandeza da vida de além-túmulo, a vida terrena some-se, como um segundo na contagem dos séculos, como o grão de areia ao lado de uma montanha. Tudo se torna pequeno, mesquinho, e ficamos pasmados de haver dado importância a coisas tão efêmeras e pueris. Por isso, no meio dos acontecimentos da vida, uma calma, uma tranqüilidade que já constituem uma felicidade, comparadas às desordens e tormentos a que nos sujeitamos, com o fito de nos elevarmos acima dos outros; nesse caso, também, para as vicissitudes e decepções, uma indiferença que, tirando todo motivo de desespero, afasta numerosos casos de loucura e desvia forçosamente o pensamento do suicídio. Com a certeza do futuro, o homem espera e se resigna; com a dúvida perde a paciência, porque nada espera do presente.

O exemplo daqueles que já viveram, provando que a soma da felicidade futura está na razão do progresso moral efetuado e do bem que se praticou na Terra; que a soma de desditas está na razão dos vícios e más ações, imprime em quantos estão bem convencidos dessa verdade uma tendência, bastante natural, para fazer o bem e evitar o mal.

Quando a maioria dos homens estiver convencida dessa idéia, quando ela professar esses princípios e praticar o bem, este, impreterivelmente, triunfará do mal aqui na Terra; procurarão os homens' não mais se molestarem uns aos outros, regularão suas instituições sociais, tendo em vista o bem de todos e não o proveito de alguns; em uma palavra, compreenderão que a lei da caridade ensinada pelo Cristo é a fonte da felicidade, mesmo neste mundo, e assim basearão as leis civis sobre as leis da caridade.

A constatação da existência do mundo espiritual que nos cerca, e de sua ação sobre o mundo corporal é a revelação de uma das forças da Natureza e, por conseqüência, a chave de grande número de fenômenos até agora incompreendidos, tanto na ordem física quanto na moral.

Quando a Ciência levar em conta essa nova força até hoje desconhecida, retificará imenso número de erros provenientes de atribuir tudo a uma única causa: a matéria. O conhecimento dessa nova causa, nos fenômenos da Natureza, será uma alavanca para o progresso, produzirá o efeito da descoberta de um agente inteiramente novo.

Com o auxílio da lei espírita, o horizonte da Ciência se alargará, como se alargou com o da lei da gravitação.

Quando do alto de suas cátedras os sábios proclamarem a existência do mundo espiritual e sua participação nos fenômenos da vida, eles infiltrarão na mocidade o contraveneno das idéias materialistas, em vez de predispô-la à negação do futuro.

Nas lições de Filosofia clássica, os professores ensinam a existência da alma e seus atributos, segundo as diversas escolas, mas sem apresentar provas materiais. Não parece estranho que, quando se lhes fornecem as provas que não tinham, eles as repilam e classifiquem de superstições? Não será isso o mesmo que confessar a seus discípulos que lhes ensinam a existência da alma, mas que de tal fato não têm prova alguma?

Quando um sábio emite uma hipótese, sobre um ponto de ciência, procura com empenho e colhe com alegria tudo o que possa demonstrar a veracidade dessa hipótese; como, pois, um professor de Filosofia, cujo dever é provar a seus discípulos que eles têm uma alma, despreza os meios de lhes fornecer uma patente demonstração?

101. Suponhamos que os Espíritos sejam incapazes de ensinar-nos alguma coisa além do que já sabemos, ou do que por nós mesmos poderemos saber; vê-se que só a demonstração da existência do mundo espiritual conduz forçosamente a uma revolução nas idéias; ora, uma revolução nas idéias não pode deixar de produzir outra na ordem das coisas. É esta revolução que o Espiritismo prepara.

102. Os Espíritos, porém, fazem mais que isso; se as suas revelações são rodeadas de certas dificuldades, se elas exigem minuciosas precauções para se lhes comprovar a exatidão, não é menos real que os Espíritos esclarecidos — quando sabemos interrogá-los e quando lhes é permitido — podem revelar-nos fatos ignorados, dar-nos a explicação do que não compreendemos e

encaminhar-nos para um progresso mais rápido. É nisto, sobretudo, que o estudo sério e completo da ciência espírita é indispensável, a fim de só se lhe pedir o que ela pode dar e do modo por que o pode fazer; ultrapassando esses limites é que nos expomos a ser enganados.

103. As menores causas podem produzir grandes efeitos; assim como de um grãozinho pode brotar uma árvore imensa, a queda de um fruto fez descobrir a lei que rege os mundos; as rãs, saltando num prato, revelaram a potência galvânica; também do fenômeno vulgar das mesas girantes saiu a prova da existência do mundo invisível, e, desta, uma doutrina que, em alguns anos, fez a volta ao mundo e pode regenerá-lo pela verificação da realidade da vida futura.

104. O Espiritismo ensina poucas verdades absolutamente novas, ou mesmo nenhuma, em virtude do axioma — *nada há de novo debaixo do sol.*

Só as verdades eternas são absolutas; as que o Espiritismo prega, sendo fundadas sobre leis naturais, existiram de todos os tempos, pelo que encontraremos, em todas as épocas, esses gérmens que, mediante estudo mais completo e mais atentas observações, conseguiram desenvolver. As verdades ensinadas pelo Espiritismo são antes conseqüências que descobertas.

O Espiritismo não descobriu nem inventou os Espíritos, como não descobriu o mundo espiritual, no qual se acreditou em todos os tempos; todavia, ele o prova por fatos materiais e o apresenta em sua verdadeira luz, desembaraçando-o dos preconceitos e idéias supersticiosas, filhos da dúvida e da incredulidade.

Epílogo da 1ª parte

Ao término dessa primeira parte do nosso curso O QUE É O ESPIRITISMO, queremos felicitá-lo pela oportunidade de crescimento intelectual que concedeu a si próprio e que certamente se refletirá em ascensão moral, se tratada com esforço e perseverança, no sentido de formar uma sintonia com os Espíritos superiores, que jamais se negam a auxiliar seus irmãos menores na prática do bem.

As explicações da primeira parte bastam para mostrar a base em que se assenta o Espiritismo, o caráter das manifestações e o grau de confiança que podem inspirar. Convém ressaltar que não foi o Espiritismo que inventou os Espíritos nem as suas manifestações, pois, como se viu, sempre existiram e continuarão a existir porque fazem parte da natureza. O que é moderno é a explicação lógica dos fatos, o conhecimento mais completo da natureza dos Espíritos, de seu papel e de seu modo de ação, e a revelação de nosso estado futuro; enfim uma nova ciência com importantíssimas conseqüências morais.

Como se vê, o Espiritismo é, ao mesmo tempo, uma ciência de observação e uma doutrina filosófica. Como ciência prática, consiste nas relações que se podem estabelecer com os Espíritos; como filosofia, compreende todas as conseqüências morais que decorrem dessas relações. Pode-se defini-lo assim: *O Espiritismo é uma ciência que trata da natureza, da origem e da destinação dos Espíritos, e das suas relações com o mundo corporal.*

Na próxima parte, pode-se verificar que o Espiritismo tem por base as verdades fundamentais de todas as religiões: Deus, a alma, a imortalidade, as penas e as recompensas futuras; mas ele é independente de toda forma de culto e de dogmas particulares. Não é uma religião especial, porque não tem sacerdotes nem templos. Em uma palavra, ele não se impõe a ninguém; não se dirige àqueles que têm a fé, e a quem esta fé basta. Seu objetivo é provar, àqueles que negam ou duvidam, que a alma existe e que sobrevive ao corpo; que ela suporta, depois da morte, as conseqüências do bem e do mal que fez durante a vida corpórea; ora, isso é de todas as religiões. Como a crença nos Espíritos é igualmente de todas as religiões, do mesmo modo que é de todos os povos, pode-se, pois, considerar o Espiritismo como ponto de confluência das religiões. Essa doutrina ensina que:

• O aperfeiçoamento do Espírito é fruto de seu próprio trabalho; não podendo, em uma só existência corpórea, adquirir todas as qualidades morais e intelectuais, ele as alcança por uma sucessão de existências, em cada uma das quais dá alguns passos para frente no caminho do progresso.

• O número de existências é indeterminado. Depende da vontade do Espírito abreviá-lo, trabalhando

76   O que é o Espiritismo

ativamente pelo seu aperfeiçoamento moral, de modo semelhante ao da vontade de uma pessoa de abreviar o número de dias que emprega para realizar um trabalho.

• Quando uma existência foi mal empregada, o Espírito deve recomeçar em condições mais ou menos penosas, em razão de sua negligência e de sua má vontade; do mesmo modo, na vida, a pessoa pode ser constrangida a fazer, no dia seguinte, o que não fez na véspera, ou refazer o que fez mal feito.

Em resumo, o Espiritismo abranda a amargura dos desgostos da vida; acalma os desesperos e as agitações da alma, dissipa as incertezas ou os temores do futuro; detém o pensamento de abreviar a vida por suicídio; por isso mesmo, torna mais serenos e equilibrados aqueles que nele penetram.

A seguir, nas lições da segunda parte do curso, você estudará a solução, pela Doutrina Espírita, de problemas do mais alto interesse, de ordem psicológica, moral e filosófica, que diariamente são propostos e aos quais nenhuma outra filosofia deu ainda resposta satisfatória. Procure resolvê-los por qualquer outra teoria, e você concluirá que as respostas do Espiritismo são as mais lógicas e que melhor satisfazem à razão.

SEGUNDA PARTE DO CURSO

Solução de alguns problemas pela Doutrina Espírita

Lições 4 e 5

4ª LIÇÃO

Pluralidade dos mundos

105. *Os diferentes mundos que circulam no espaço, terão habitantes como a Terra?*

Todos os Espíritos o afirmam e a razão diz que assim deve ser. A Terra não ocupa no Universo nenhuma posição especial, nem por sua colocação, nem pelo seu volume, e nada justificaria o privilégio exclusivo de ser habitada. Além, disso, Deus não teria criado milhares de globos, com o fim único de recrear-nos a vista, tanto mais que o maior número deles se acha fora de nosso alcance.

106. *Se os mundos são povoados, serão seus habitantes, em tudo, semelhantes aos da Terra? Em uma palavra, poderiam eles viver entre nós, e nós entre eles?*

A forma geral poderia ser, mais ou menos, a mesma, mas o organismo deve ser adaptado ao meio em que eles têm de viver, como os peixes são feitos para viver na água e as aves no ar.

Se o meio for diverso, como tudo leva a crer e como parece demonstrá-lo as observações astronômicas, a organização deve ser diferente; não é, pois, provável que, em seu estado normal, eles possam mudar de mundo com os mesmos corpos. Isto é confirmado por todos os Espíritos.

107. *Admitindo que esses mundos sejam povoados, estarão na mesma colocação que o nosso, sob o ponto de vista intelectual e moral?*
Segundo o ensino dos Espíritos, os mundos se acham em graus de adiantamento muito diferentes; alguns estão no mesmo ponto que o nosso; outros são mais atrasados, sendo sua Humanidade mais bruta, mais material e propensa ao mal. Outros, ao contrário, são muito mais adiantados moral, intelectual e fisicamente; neles, o mal moral é desconhecido, as artes e as ciências já atingiram um grau de perfeição que foge à nossa apreciação; a organização física menos material, não está sujeita aos sofrimentos, moléstias e enfermidades; aí os homens vivem em paz, sem buscar o prejuízo uns dos outros, isentos dos desgostos, cuidados, aflições e necessidades que os assediam na Terra. Há, finalmente, outros ainda mais adiantados, onde o invólucro corporal, quase fluídico, se aproxima cada vez mais da natureza dos anjos.

Na série progressiva dos mundos, o nosso nem ocupa o primeiro nem o último lugar, mas é um dos mais materializados e atrasados.

Da alma

108. *Qual a sede da alma?*

A alma não está, como geralmente se crê, localizada num ponto particular do corpo; ela forma com o perispírito um conjunto fluídico, penetrável, assimilando-se ao corpo inteiro, com o qual ela constitui um ser complexo, do qual a morte não é, de alguma sorte, mais que um desdobramento. Podemos figuradamente supor dois corpos semelhantes na forma, um encaixado no outro, confundidos durante a vida e separados depois da morte. Nessa ocasião um deles é destruído, ao passo que o outro subsiste. Durante a vida a alma age mais especialmente sobre os órgãos do pensamento e do sentimento. Ela é, ao mesmo tempo, interna e externa, isto é, irradia exteriormente, podendo mesmo isolar-se do corpo, transportando-se para longe e aí manifestar sua presença, como o provam a observação e os fenômenos sonambúlicos.

109. *Será a alma criada ao mesmo tempo que o corpo, ou anteriormente a este?*

Depois do estudo da existência da alma, é esta uma das questões mais capitais, porque de sua solução dimanam as mais importantes conseqüências; ela é a única capaz de explicar uma multidão de problemas até hoje insolúveis, por não se ter nela acreditado.

De duas uma: ou a alma existia, ou não existia

82   O que é o Espiritismo

antes da formação do corpo; não pode haver meio-termo. Com a preexistência da alma tudo se explica lógica e naturalmente; sem ela, encontram-se tropeços a cada passo, e, até mesmo, certos dogmas da Igreja ficam sem justificação, o que tem conduzido muitos pensadores à incredulidade.

Os Espíritos resolveram a questão afirmativamente, e os fatos, como a lógica, não podem deixar dúvidas a esse respeito. Admita-se, ao menos como hipótese, a preexistência da alma, e veremos diluir-se a maioria das dificuldades.

110.   *Se a alma já existia, antes da sua união com o corpo tinha ela sua individualidade e consciência de si?*

Sem individualidade e sem consciência de si mesma, seria como se não existisse.

111.   *Antes da sua união com o corpo, já tinha a alma feito algum progresso, ou estava estacionária?*

O progresso anterior da alma é simultaneamente demonstrado pela observação dos fatos e pelo ensino dos Espíritos.

112.   *Criou Deus as almas iguais moral e intelectualmente, ou as fez mais perfeitas e inteligentes umas que as outras?*

Se Deus as houvesse feito umas mais perfeitas que as outras, não conciliaria essa preferência com a justiça.

Sendo todas as criaturas obra sua, por que dispensaria Ele do trabalho umas, quando o impõe a

Projeto VEK 83

outras para alcançarem a felicidade eterna? A desigualdade das almas em sua origem seria a negação da justiça de Deus.

113. *Se as almas são criadas iguais, como explicar a diversidade de aptidões e predisposições naturais que notamos entre os homens, na Terra?*
Essa diversidade é a conseqüência do progresso feito pela alma, antes da sua união ao corpo. As almas mais adiantadas, em inteligência e moralidade, são as que mais viveram e progrediram antes de sua encarnação.

114. *Qual o estado da alma em sua origem?*
As almas são criadas simples e ignorantes, isto é, sem ciência e sem conhecimento do bem e do mal, mas com igual aptidão para tudo. A princípio, encontram-se numa espécie de infância, sem vontade própria e sem consciência perfeita de sua existência. Pouco a pouco o livre-arbítrio se desenvolve, ao mesmo tempo que as idéias.

115. *Fez a alma esse progresso anterior, no estado de alma propriamente dita, ou em precedente existência corporal?*
Além do ensino dos Espíritos sobre esse ponto, o estudo dos diferentes graus de adiantamento do homem, na Terra, prova que o progresso anterior da alma deve fazer-se em uma série de existências corporais, mais ou menos numerosas, segundo o grau a que ele chegou;

84 O que é o Espiritismo

a prova disto está na observação dos fatos que diariamente estão sob os nossos olhos.

O homem durante a vida terrena

116. *Como e em que momento se opera a união da alma ao corpo?*

Desde a concepção, o Espírito, ainda que errante, quer dizer, ainda no mundo espiritual, está, por um cordão fluídico, preso ao corpo ao qual se deve unir. Este laço se estreita cada vez mais, à medida que o corpo vai se desenvolvendo. Desde esse momento, o Espírito sente uma perturbação que cresce sempre; ao aproximar-se do nascimento, ocasião em que ela se torna completa, o Espírito perde a consciência de si e não recobra as idéias senão gradualmente, a partir do momento em que a criança começa a respirar; a união então é completa e definitiva.

117. *Qual o estado intelectual da alma da criança no momento de nascer?*

Seu estado intelectual e moral é o que tinha antes da união ao corpo, isto é, a alma possui todas as idéias anteriormente adquiridas; mas, em razão da perturbação que acompanha a mudança de estado, suas idéias se acham momentaneamente em estado latente. Elas se vão esclarecendo aos poucos, mas não se podem manifestar senão proporcionalmente ao

Projeto VEK 85

desenvolvimento dos órgãos.

118. *Qual a origem das idéias inatas, das disposições precoces, das aptidões instintivas para uma arte ou ciência, abstração feita da instrução?*

As idéias inatas não podem ter senão duas fontes: a criação das almas mais perfeitas umas que as outras, no caso de serem criadas ao mesmo tempo que o corpo, ou um progresso por elas adquirido anteriormente à encarnação.

Sendo a primeira hipótese incompatível com a justiça de Deus, só fica de pé a segunda.

As idéias inatas são o resultado dos conhecimentos adquiridos nas existências anteriores, são idéias que se conservaram no estado de intuição, para servirem de base à aquisição de outras novas.

119. *Como se podem revelar gênios nas classes da sociedade inteiramente privadas de cultura intelectual?*

É um fato que prova serem as idéias inatas independentes do meio em que o homem foi educado. O ambiente e a educação desenvolvem as idéias inatas, mas não as podem dar. O homem de gênio é a encarnação de um Espírito adiantado que muito houvera já progredido. A educação pode fornecer a instrução que falta, mas não o gênio, quando este não exista.

120. *Por que encontramos crianças instintivamente boas em um meio perverso, apesar dos maus exemplos que colhem, ao passo que outras são instintivamente*

86   O que é o Espiritismo

viciosas em um meio bom, apesar dos bons conselhos que recebem?
É o resultado do progresso moral adquirido, como as idéias inatas são o resultado do progresso intelectual.

121. *Por que de dois filhos do mesmo pai, educados nas mesmas condições, um é às vezes inteligente e o outro estúpido, um bom e outro mau? Por que o filho de um homem de gênio é, algumas vezes, um tolo, e o de um tolo, um homem de gênio?*

É um fato esse que vem em apoio da origem das idéias inatas; prova, além disso, que a alma do filho não procede, de sorte alguma, da dos pais; se assim não fosse, em virtude do axioma que a parte é da mesma natureza que o todo, os pais transmitiriam aos filhos as suas qualidades e defeitos próprios, como lhes transmitem o princípio das características corporais. Na geração, somente o corpo procede do corpo, mas as almas são independentes umas das outras.

122. *Se as almas são independentes umas das outras, donde vem o amor dos pais pelos filhos e o destes por aqueles?*

Os Espíritos se ligam por simpatia, e o nascimento em tal ou tal família não é um efeito do acaso, mas depende muitas vezes da escolha feita pelo Espírito, que vem juntar-se àqueles a quem amou no mundo espiritual ou em suas precedentes existências. Por outro lado, os pais têm por missão ajudar o progresso dos Espíritos que encarnam como seus filhos, e, para excitálos a isso, Deus lhes inspira uma afeição mútua; muitos, porém, faltam a essa missão, sendo por isso punidos.

123. *Por que há maus pais e maus filhos?*

São Espíritos que não se ligaram na mesma família por simpatia, mas com o fim de servirem de instrumentos de provas uns aos outros e, muitas vezes, para punição do que foram em existência anterior; a um é dado um mau filho, porque também ele o foi; a outro, um mau pai, pelo mesmo motivo, a fim de que sofram a pena de talião, ou seja, o olho por olho, o dente por dente, sendo dado a cada um segundo as suas próprias obras.

124. *Por que encontramos em certas pessoas, nascidas em condição servil, instintos de dignidade e grandeza, enquanto outras, nascidas nas classes superiores, só apresentam instintos de baixeza?*

É uma reminiscência intuitiva da posição social que o Espírito já ocupou, e do seu caráter na existência precedente.

125. *Qual a causa das simpatias e antipatias que se manifestam entre pessoas que se vêem pela primeira vez?*

São quase sempre entes que se conheceram e, algumas vezes, se amaram em uma existência anterior, e que, encontrando-se nesta, são atraídos um para o outro. As antipatias instintivas provêm também, muitas vezes, de relações anteriores.

Esses dois sentimentos podem ainda ter uma outra causa. O perispírito irradia ao redor do corpo, formando

88   O que é o Espiritismo

uma espécie de atmosfera impregnada das qualidades boas ou más do Espírito encarnado. Duas pessoas que se encontram, experimentam, pelo contato desses fluidos, a impressão sensitiva, impressão que pode ser agradável ou desagradável; os fluidos tendem a confundir-se ou a repelir-se, segundo sua natureza semelhante ou dessemelhante. É assim que se pode explicar o fenômeno da transmissão de pensamento. Pelo contato desses fluidos, duas almas, de algum modo, lêem uma na outra; elas se adivinham e compreendem, sem se falarem.

126. *Por que não conserva o homem a lembrança de suas anteriores existências? Não será ela necessária ao seu progresso futuro?*

Se em cada uma de suas existências um véu esconde o passado do Espírito, com isso nada perde ele das suas aquisições, apenas esquece o modo por que as conquistou.

Ao aluno pouco importa saber onde, como, com que professores ele estudou as matérias de uma classe, uma vez que as saiba, quando passa para a classe seguinte. Se os castigos o tornaram laborioso e dócil, que lhe importa saber quando foi castigado por preguiçoso e insubordinado?

É assim que, reencarnando, o homem traz por intuição e como idéias inatas, o que adquiriu em ciência e moralidade. Em moralidade porque, se no curso de uma existência ele se melhorou, se soube tirar proveito das lições da experiência, se tornará melhor quando voltar; seu Espírito, amadurecido na escola do sofrimento e do trabalho, terá mais firmeza; longe de ter de recomeçar tudo, ele possui um fundo que vai sempre crescendo e sobre o qual se apoia para fazer maiores conquistas. O esquecimento só se dá durante a vida corporal. Após o desencarne, o Espírito recobra a lembrança do seu passado. Então poderá julgar do caminho que seguiu e do que lhe resta ainda fazer; de modo que não há essa solução de continuidade em sua vida espiritual, que é a vida normal do Espírito. Esse esquecimento temporário é um benefício da Providência; a experiência só se adquire, muitas vezes, por provas rudes e terríveis expiações, cuja recordação seria muito penosa e viria aumentar as angústias e tribulações da vida presente.

Se os sofrimentos da vida parecem longos, que seria se a ele se juntasse a lembrança do passado? Isto perturbaria as relações sociais e seria um tropeço ao progresso. Quereis uma prova?

Supondo que um indivíduo condenado às galés tome a firme resolução de tornar-se um homem de bem, que acontece quando ele termina o cumprimento da pena? A sociedade o repele, e essa repulsa o lança de novo nos braços do vício. Se, porém, todos desconhecessem os seus antecedentes, ele seria bem acolhido; e, se ele mesmo os esquecesse, poderia ser honesto e andar de cabeça erguida, em vez de ser obrigado a curvá-la sob o peso da vergonha do que não pode esquecer.

90   O que é o Espiritismo

127. *Qual a origem do sentimento a que chamamos consciência?*

É uma recordação intuitiva do progresso feito nas precedentes existências e das resoluções tomadas pelo Espírito antes de encarnar, resoluções que ele, muitas vezes, esquece como homem.

128. *Tem o homem o livre-arbítrio, ou está sujeito à fatalidade?*

Se a conduta do homem fosse sujeita à fatalidade, não haveria para ele nem responsabilidade do mal, nem mérito do bem que pratica. Toda punição seria uma injustiça, toda recompensa um contra-senso. O livre-arbítrio do homem é uma conseqüência da justiça de Deus, é o atributo que lhe dá a sua dignidade e o eleva acima de todas as outras criaturas. É isto tão real que a estima dos homens, uns pelos outros, baseia-se na admissão desse livre-arbítrio; quem, por uma enfermidade, loucura, embriaguez ou idiotismo, perde acidentalmente essa faculdade, é lastimado ou desprezado.

O materialista que faz todas as faculdades morais e intelectuais dependerem do organismo, reduz o homem ao estado de máquina, sem livre-arbítrio e, por conseqüência, sem responsabilidade do mal e sem mérito do bem que pratica.

129. *Será Deus o criador do mal?*

Deus não criou o mal; Ele estabeleceu leis, e estas são sempre boas porque Ele é soberanamente bom;

Projeto VEK

aquele que as observasse fielmente, seria perfeitamente feliz, porém, os Espíritos, tendo seu livre-arbítrio, nem sempre as observam, e é dessa infração que provém o mal.

130. *O homem já nasce bom ou mau?*

É preciso fazermos distinção entre a alma e o homem. A alma é criada simples e ignorante, isto é, nem boa nem má, porém suscetível, em razão do seu livre-arbítrio, de seguir o bom ou o mau caminho, ou, por outra de observar ou infringir as leis de Deus. O homem nasce bom ou mau, segundo seja ele a encarnação de um Espírito adiantado ou atrasado.

131. *Qual a origem do bem e do mal na Terra e por que este predomina?*

A imperfeição dos Espíritos que aqui se encarnam, é a origem do mal na Terra; quanto à predominância deste, provém da inferioridade do planeta, cujos habitantes são, na maioria, Espíritos inferiores ou que pouco têm progredido. Em mundos mais adiantados, onde só encarnam Espíritos depurados, o mal não existe ou está em minoria.

132. *Qual a causa dos males que afligem a Humanidade?*

O nosso mundo pode ser considerado ao mesmo tempo, como escola de Espíritos pouco adiantados e cárcere de Espíritos imperfeitos. Os males da nossa Humanidade são a conseqüência da inferioridade moral da maioria dos Espíritos que a formam. Pelo contato de

92 O que é o Espiritismo

seus vícios se infelicitam reciprocamente e punem-se uns aos outros.

133. *Por que vemos tantas vezes o mau prosperar, enquanto o homem de bem vive em aflição?*

Para aquele cujo pensamento não transpõe as raias da vida presente, para quem a acredita única, isto deve parecer clamorosa injustiça. Não se dá, porém, o mesmo com quem admite a pluralidade das existências e pensa na brevidade de cada uma delas, em relação à eternidade.

O estudo do Espiritismo prova que a prosperidade do mau tem terríveis conseqüências em suas seguintes existências; que as aflições do homem de bem são, pelo contrário, seguidas de uma felicidade, tanto maior e duradoura, quanto mais resignadamente ele soube suportá-las: não lhe será mais que um dia mau em uma existência próspera.

134. *Por que nascem alguns na indigência e outros na opulência? Por que vemos tantas pessoas nascerem cegas, surdas, mudas ou afetadas de moléstias incuráveis, enquanto outras possuem todas as vantagens físicas? Será um efeito do acaso, ou um ato da Providência?*

Se fosse do acaso, a Providência não existiria. Admitida, porém, a Providência, perguntamos como se conciliam esses fatos com a sua bondade e a sua justiça? É por falta de compreensão da causa de tais males que muitos se arrojam a acusar Deus.

Compreende-se que quem se torna miserável ou

enfermo, por suas imprudências ou por excessos, seja punido por onde pecou: porém, se a alma é criada ao mesmo tempo que o corpo, que fez ela para merecer tais aflições, desde o seu nascimento, ou para ficar isenta delas?

Se admitimos a justiça de Deus, não podemos deixar de admitir que esse efeito tem uma causa; e se esta causa não se encontra na vida presente, deve achar-se antes desta, porque em todas as coisas a causa deve preceder ao efeito; há, pois, necessidade de a alma já ter vivido, para que possa merecer uma expiação.

Os estudos espíritas nos mostram, de fato, que mais de um homem, nascido na pobreza, foi rico e considerado em uma existência anterior na qual fez mau uso da fortuna que Deus o encarregara de gerir; que mais de um, nascido na abjeção, foi anteriormente orgulhoso e prepotente do poder para oprimir os fracos. Esses estudos nos fazem vê-los, muitas vezes, sujeitos àqueles a quem trataram com dureza, entregues aos maus-tratos e à humilhação a que submeteram os outros.

Nem sempre uma vida penosa é expiação; muitas vezes é prova escolhida pelo Espírito, que vê um meio de avançar mais rapidamente, conforme a coragem com que saiba suportá-la.

A riqueza é também uma prova, mas muito mais perigosa que a pobreza, pelas tentações que dá e pelos abusos que enseja; também o exemplo dos que viveram, demonstra ser ela uma prova em que a vitória é uma das mais difíceis. A diferença das posições sociais seria a maior das injustiças — quando não seja o resultado da conduta

94   O que é o Espiritismo

atual — se ela não tivesse uma compensação. A convicção que dessa verdade adquirimos, pelo Espiritismo, nos dá força para suportarmos as vicissitudes da vida e aceitamos a nossa sorte, sem invejar a dos outros.

135. *Por que há homens idiotas e imbecis?*

A posição dos idiotas e dos imbecis seria a menos conciliável com a justiça de Deus, na hipótese da unicidade da existência. Por miserável que seja a condição em que o homem nasça, ele poderá sair dela por sua inteligência e trabalho desde que haja também leis em seu país promovendo o bem-estar de todos de sorte que se faça justiça social; e não a presença de enormes bolsões de miséria absoluta, ao lado da fortuna nem sempre honesta de meia dúzia de criaturas egoístas e insensíveis por ignorância das Leis Morais que regem a vida; o idiota e o imbecil, porém, são votados, desde o nascimento até a morte, ao embrutecimento e ao desprezo; para eles não há compensação possível. Por que foi, então, sua alma criada idiota?

Os estudos espíritas, feitos acerca dos imbecis e idiotas, provam que suas almas são tão inteligentes quanto as dos outros homens; que essa enfermidade é uma expiação infligida a Espíritos que abusaram da inteligência, e sofrem cruelmente por se sentirem presos, em laços que não podem quebrar, e pelo desprezo de que se vêem objeto, quando, talvez, sido tão considerados em encarnação precedente.

136.   *Qual o estado da alma durante o sono?*

No sono é só o corpo que repousa, mas o Espírito não dorme. As observações práticas provam que, nessas condições, o Espírito goza de toda a liberdade e da plenitude das suas faculdades; aproveita-se do repouso do corpo, dos momentos em que este lhe dispensa a presença, para agir separadamente e ir aonde quer.

Durante a vida, qualquer que seja a distância a que se transporte, o Espírito fica sempre preso ao corpo por um cordão fluídico, que serve para chamá-lo, quando a sua presença se torna necessária. Só a morte rompe esse laço em caráter irreversível.

137. *Como se explicam os nossos sonhos?*

Os sonhos são o resultado da liberdade do Espírito durante o sono; às vezes, são a recordação dos lugares e das pessoas que o Espírito viu ou visitou nesse estado. A essas recordações se junta a lembrança dos acontecimentos diários e preocupações da pessoa no estado de vigília. A extravagância das imagens referentes ao que se passou no mundo espiritual, entremeadas ao que se passa no mundo material, formam esses conjuntos bizarros e confusos que parecem não ter senso, nem nexo.

138. *De onde vêm os pressentimentos?*

São recordações vagas e intuitivas do que o Espírito aprendeu em seus momentos de liberdade e algumas vezes avisos ocultos dados por Espíritos benévolos.

139. *Por que há na Terra selvagens e homens civilizados?*

Sem a preexistência da alma, esta questão é insolúvel, a menos que admitamos tenha Deus criado almas selvagens e almas civilizadas, o que seria negação da sua justiça. Além disso, a razão recusa admitir que, depois da morte, a alma do selvagem fique perpetuamente em estado de inferioridade, bem como se ache na mesma elevação que a do homem esclarecido. Admitindo para as almas um mesmo ponto de partida — única doutrina compatível com a justiça de Deus — a presença simultânea da selvageria e da civilização, na Terra, é um fato material que prova o progresso que uns já fizeram e que os outros têm de fazer.

A alma do selvagem atingirá, pois, com o tempo, o mesmo grau da alma esclarecida; mas, como todos os dias morrem selvagens, essa alma não pode atingir esse grau senão em encarnações sucessivas, cada vez mais aperfeiçoadas e apropriadas ao seu adiantamento, seguindo todos os graus intermediários a esses dois extremos.

140. *Não será admissível, segundo pensam algumas pessoas, que a alma, não encarnando mais que uma vez, faça o seu progresso no estado de Espírito ou em outras esferas?*

Esta proposição seria admissível, se todos os habitantes da Terra se achassem no mesmo nível moral e intelectual; caso em que se poderia dizer ser a Terra destinada a pessoas cuja moralidade e intelectualidade estão no mesmo grau; ora, quantas vezes temos diante de nós a prova do contrário!

Com efeito, não é compreensível que o selvagem não pudesse conseguir civilizar-se aqui na Terra, quando vemos almas mais adiantadas encarnadas ao lado dele; do que resulta a possibilidade da pluralidade das existências terrenas, demonstrada por exemplos que temos à vista.

Se fosse de outro modo, era preciso explicar: primeiro, porque só a Terra teria o monopólio das encarnações; segundo, porque, tendo esse monopólio, nela se apresentam as almas encarnadas de todos os graus.

141. *Por que, no meio das sociedades civilizadas, se mostram seres de ferocidade comparável à dos mais bárbaros selvagens?*

São Espíritos muito inferiores, saídos das raças bárbaras, que experimentam reencarnar em meio que não é o seu, e onde estão deslocados, como estaria um rústico colocado de repente numa cidade adiantada.

OBSERVAÇÃO - Não é possível admitir-se, sem negar a Deus os atributos de bondade e justiça, que a alma do criminoso endurecido tenha, na vida atual, o mesmo ponto de partida que a de um homem cheio de virtudes.

Se a alma não é anterior ao corpo, a do criminoso e a do homem de bem são tão novas uma como a outra; por que razão, então, uma delas é boa e a outra má?

142. *De onde vem o caráter distinto dos povos?*

São Espíritos que têm mais ou menos os mesmos gostos e inclinações, que encarnam em um meio

98 O que é o Espiritismo

simpático e, muitas vezes, no mesmo meio em que podem satisfazer as suas inclinações.

143. *Como progridem e como degeneram os povos?*

Se a alma fosse criada juntamente com o corpo, as dos homens de hoje seriam tão novas, tão primitivas, como a dos homens da Idade Média, e, desde então, pergunta-se por que têm elas costumes mais brandos e inteligência mais desenvolvidas?

Se na morte do corpo a alma deixa definitivamente a Terra, pergunta-se, ainda, qual seria o fruto do trabalho feito para melhoramento de um povo, se este tivesse de ser recomeçado com as almas novas que diariamente chegam?

Os Espíritos encarnam em meio simpático e em relação com o grau do seu adiantamento. Um indivíduo, por exemplo, que progredisse suficientemente e não encontrasse mais na sua raça um meio correspondente ao grau que atingiu, encarnará entre um povo mais adiantado. À medida que uma geração dá um passo para frente, atrai por simpatia Espíritos mais avançados, os quais são, talvez, os mesmos que já haviam vivido no mesmo país e que, por seu progresso, dele se tinham afastado; é assim que, passo a passo, uma nação avança. Se a maioria dos seus novos habitantes fosse de natureza inferior e os antigos emigrassem diariamente e não mais descessem a um meio inferior, o povo acabaria por degenerar, e afinal, por extinguir-se.

OBSERVAÇÃO - Essas questões provocam outras que

Projeto VEK

encontram solução no mesmo princípio; de onde vem a diversidade de raças, na Terra? — Há raças rebeldes ao progresso? — A raça negra é suscetível de subir ao nível da raças européias? — A escravidão é útil ao progresso das raças inferiores? — Como se pode operar a transformação da Humanidade?

5ª LIÇÃO

O homem depois da morte

144. *Como se opera a separação da alma e do corpo? É brusca ou gradual?*

O desprendimento opera-se gradualmente e com lentidão variável, segundo os indivíduos e as circunstâncias da morte. Os laços que prendem a alma ao corpo não se rompem senão aos poucos, e tanto menos rapidamente quanto mais a vida foi material e sensual.

145. *Qual a situação da alma imediatamente depois da morte do corpo? Tem ela instantaneamente a consciência de si? Em uma palavra, que vê? Que experimenta ela?*

No momento da morte, tudo se apresenta confuso; é preciso algum tempo para ela se reconhecer; conserva-se tonta, no estado do homem que sai de profundo sono e que procura compreender a sua situação. A lucidez das idéias e a memória do passado lhe voltam, à medida que se destrói a influência da matéria de que ela acaba de separar-se, e que se dissipa o nevoeiro que lhe obscurece os pensamentos.

O tempo da perturbação, seqüente à morte, é muito variável; pode ser de algumas horas somente, como de muitos dias, meses ou, mesmo, de muitos anos. É menos longa, entretanto, para aqueles que, enquanto vivos, se identificaram com o seu estado futuro, porque esses compreendem imediatamente a sua situação; porém, é tanto mais longa quanto mais materialmente o indivíduo viveu.

A sensação que a alma experimenta nesse momento é também muito variável; a perturbação, seqüente à morte, nada tem de penosa para o homem de bem; é calma e em tudo semelhante à que acompanha um despertar sereno.

Para aquele cuja consciência não é pura e amou mais a vida corporal que a espiritual, esse momento é cheio de ansiedade e de angústias, que vão aumentando à medida que ele se reconhece, porque então sente medo e certo terror diante do que vê e sobretudo do que entrevê. A sensação, a que podemos chamar física, é a de grande alívio e de imenso bem-estar; fica-se como que livre de um fardo, e o Espírito sente-se feliz por não mais experimentar as dores corporais que o atormentavam alguns instantes antes; sente-se livre, desembaraçado, como aquele a quem tirassem as cadeias que o prendiam.

102   O que é o Espiritismo

Em sua nova situação, a alma vê e ouve ainda outras coisas que escapam à grosseria dos órgãos corporais. Tem, então, sensações e percepções que nos são desconhecidas.

OBSERVAÇÃO - Estas respostas e todas as relativas à situação da alma depois da morte ou durante a vida, não são o resultado de uma teoria ou de um sistema, mas de estudos diretos feitos sobre milhares de indivíduos, observados em todas as fases e períodos da sua existência espiritual, desde o mais baixo ao mais alto grau da escala, segundo seus hábitos durante a vida terrena, gênero de morte etc. Muitas vezes diz-se, falando da vida futura, que não se sabe o que nela se passa, porque ninguém nos veio contar; é um erro, pois são precisamente os que nela já se acham, que, a respeito, nos vêm instruir, e Deus o permite hoje, mais que em nenhuma outra época, como último aviso à incredulidade e ao materialismo, inclusive através de aparelhos eletrônicos.

146.   *A alma que deixa o corpo, pode ver a Deus?*
As faculdades perceptivas da alma são proporcionais à sua purificação: só as de escol podem gozar da presença de Deus.

147.   *Se Deus está em toda parte, por que todos os Espíritos não podem vê-lo?*
Deus está em toda parte, porque em toda parte Ele irradia, podendo dizer-se que o Universo está mergulhado na divindade, como nós o estamos na luz solar; os Espíritos atrasados, porém, estão envolvidos numa espécie de nevoeiro que O oculta a seus olhos, e que se não dissipa senão à medida que eles se

Projeto VEK 103

desmaterializam e se purificam. Os Espíritos inferiores são, pela vista, em relação a Deus, o que os encarnados são, em relação aos Espíritos: verdadeiros cegos. Trata-se de uma comparação, pois a visão espiritual é de outra natureza.

148. *Depois da morte, tem a alma consciência de sua individualidade? Como a constata e como podemos constatá-la?*

Se as almas não tivessem sua individualidade depois da morte, isto, para elas, como para nós, seria como se não existissem; não teriam caráter algum distintivo; a do malfeitor estaria na mesma altura que a do homem de bem, de onde resultaria não haver interesse algum em buscarmos viver uma vida honesta, correta, voltada para o bem.

A individualidade da alma é mostrada de modo material, por assim dizer, nas manifestações espíritas, pela linguagem e qualidades próprias de cada qual; uma vez que elas pensam e agem de modo diferente, umas são boas e outras más, umas sábias e outras ignorantes, querendo umas o que outras não querem, o que prova evidentemente não estarem confundidas em um todo homogêneo, isso sem falar das provas patentes que nos dão, de terem animado tal ou tal indivíduo na Terra. Graças ao Espiritismo experimental, a individualidade da alma não é mais uma coisa vaga, porém o resultado da observação.

A própria alma reconhece a sua individualidade, porque tem pensamento e vontade próprios, que distinguem umas das outras; verificando ainda a sua individualidade por seu invólucro fluídico ou perispírito, espécie de corpo limitado, que faz dela um ser distinto.

OBSERVAÇÃO - Há quem pense poder fugir à qualificação de materialista por admitir um princípio inteligente universal, do qual uma parte absorveríamos ao nascermos, formando dela a nossa alma e restituindo-a depois da morte à massa comum, onde com outras se confundiria, tal como gotas d'água no oceano. Este sistema, espécie de transição, não merece mesmo o nome de Espiritualismo, pois é tão desolador quanto o materialismo.

O reservatório comum do conjunto universal equivaleria ao aniquilamento, porquanto ali não haveria mais individualidades.

149. *O gênero de morte influi no estado da alma?*

O estado da alma varia consideravelmente segundo o gênero de morte, mas, sobretudo, segundo a natureza dos hábitos durante a vida.

Na morte natural, o desprendimento se opera gradualmente e sem abalo, começando mesmo antes que a vida esteja extinta. Na morte violenta, por suplício, suicídio ou acidente, os laços são partidos bruscamente; o Espírito, surpreendido, fica como que tonto com a mudança nele efetuada, e não acha explicação para a sua situação.

Um fenômeno, mais ou menos constante em tal caso, é a persuasão em que ele se conserva de não estar morto, podendo essa ilusão durar muitos meses e mesmo muitos anos. Neste estado, ele se locomove, julga ocupar-se dos seus negócios, como se ainda estivesse no mundo, e mostra-se espantado de não lhe responderem, quando fala. Essa ilusão também se nota, fora dos casos de morte violenta, em muitos indivíduos, cuja vida foi absorvida pelos gozos e interesses materiais.

150. *Para onde vai a alma depois de deixar o corpo?*

Ela não vai perder-se na imensidade do infinito, como geralmente se supõe; erra no espaço e, o mais das vezes, no meio daqueles que conheceu e, sobretudo, que amou, podendo instantaneamente transportar-se a distâncias imensas.

151. *Conserva a alma as afeições que tinha na vida terrena?*

Guarda todas as afeições morais e só esquece as materiais, que já não são de sua essência; por isso vem satisfeita ver os parentes e amigos e sente-se feliz com a lembrança deles.

152. *Conserva a alma a lembrança do que fez na Terra? Tem ela ainda interesse pelos trabalhos que não pôde completar?*

Depende da sua elevação e da natureza desses trabalhos. Os Espíritos desmaterializados pouco se preocupam com as coisas materiais, de que se julgam felizes por estar livres. Quanto aos trabalhos que começaram, segundo sua importância e utilidade, inspiram a outros o desejo de terminá-los.

153. *Encontra a alma no mundo dos Espíritos os parentes que ali a precederam?*

Não só os encontra, como também a outros muitos,

106   O que é o Espiritismo

seus conhecidos de outras existências. Geralmente, aqueles que mais a amam vêm recebê-la à sua chegada no mundo espiritual, e ajudam-na a desprender-se dos laços terrenos. Entretanto, a privação de ver as almas mais caras é, algumas vezes, punição para os culpados.

154. *Qual, na outra vida, o estado intelectual e moral da alma da criança morta em tenra idade? Suas faculdades conservam-se na infância, como durante a vida?*

O incompleto desenvolvimento dos órgãos da criança não dava ao Espírito a liberdade de se manifestar completamente; livre desse invólucro, suas faculdades são o que eram antes da sua encarnação. O Espírito, não tendo feito mais que passar alguns instantes na vida, não sofre modificação nas faculdades.

OBSERVAÇÃO - Nas comunicações espíritas, o Espírito de um menino pode, pois, falar como adulto, porque pode ser Espírito adiantado. Se, algumas vezes, adota a linguagem infantil, é para não tirar a mãe o encanto que sempre está ligado à afeição de um ente frágil, delicado e adornado com as graças da inocência.

Podendo a mesma questão ser formulada acerca do estado intelectual da alma dos imbecis, idiotas e loucos depois da morte, encontra-se a solução no que precede.

155. *Que diferença há, depois da morte, entre a alma do sábio e a do ignorante, entre a do selvagem e a do homem civilizado?*

A mesma, pouco mais ou menos, que existia entre

elas durante a vida; porque a entrada no mundo dos Espíritos não dá à alma todos os conhecimentos que lhe faltavam na Terra.

156. *Progridem as almas, intelectualmente, depois da morte?*

Progridem mais ou menos, segundo sua vontade, e algumas se adiantam muito; porém, têm necessidade de pôr em prática, durante a vida corporal, o que adquiriram em ciência e moralidade. As que ficaram estacionárias, recomeçam uma existência análoga à que deixaram; as que progrediram, alcançam uma encarnação de ordem mais elevada.

Sendo o progresso proporcionado pela vontade do Espírito, há muitos que, por longo tempo, conservam os gostos e as inclinações que tinham durante a vida e prosseguem nas mesmas idéias.

157. *A sorte do homem, na vida futura, está irrevogavelmente fixada depois da morte?*

A fixação irrevogável da sorte do homem, depois da morte, seria a negação absoluta da justiça e da bondade de Deus, porque há muitos que não puderam esclarecer-se suficientemente na existência terrena, sem falar dos idiotas, imbecis, selvagens e de elevado número de crianças que morrem sem ter entrevisto a vida.

Mesmo entre os homens esclarecidos, há muitos que, julgando-se muito perfeitos, crêem-se dispensados de estudar e trabalhar mais, e não é isto prova que Deus nos dá de sua bondade, o permitir que o homem faça amanhã o que não pode fazer hoje?

Se a sorte é irrevogavelmente fixada, por que morrem os homens em idades diferentes, e por que, em sua justiça, não concede Deus a todos o tempo de produzir a maior soma de bem e reparar o mal que fizeram?

Quem sabe se o criminoso que morre aos trinta anos, não se teria tornado um homem de bem, se vivesse até aos sessenta?

Por que Deus lhe tira assim os meios que concede a outros?

Só o fato da diversidade das durações da vida e do estado moral da grande maioria dos homens, prova a impossibilidade, admitida a justiça divina, de ser a sorte da alma irrevogavelmente fixada depois da morte.

158. *Qual, na vida futura, a sorte das crianças que morrem em tenra idade?*

Esta questão é uma das que melhor provam a justiça e a necessidade da pluralidade das existências. Uma alma que só tiver vivido alguns instantes, sem fazer nem bem nem mal, não pode merecer prêmio nem castigo, pois, segundo a máxima do Cristo — *cada um é punido ou recompensado conforme suas obras* — é tão ilógico como contrário a justiça de Deus admitir-se que, sem trabalho, essa alma seja chamada a gozar da bem-aventurança dos anjos, ou que desta se veja privada; entretanto, ela deve ter um destino qualquer. Um estado misto, por toda a eternidade, seria igualmente uma injustiça. Uma existência logo em começo interrompida, não podendo, pois, ter conseqüência alguma para a alma, tem por sorte atual o que mereceu da existência anterior, e futuramente o que vier a merecer em suas existências ulteriores.

159. *Têm as almas ocupações na outra vida? Pensam elas em outra coisa, a não ser em suas alegrias e sofrimentos?*

Se as almas não fizessem mais que tratar de si durante a eternidade, seria egoísmo, e Deus, que condena essa falta na vida corporal, não poderia aprová-la na espiritual. As almas, ou Espíritos, têm ocupações em relação com o seu grande adiantamento, ao mesmo tempo que procuram instruir-se e melhorar-se.

160. *Em que consistem os sofrimentos da alma depois da morte? Irão as almas criminosas ser torturadas em chamas materiais?*

A Igreja reconhece perfeitamente, hoje, que o fogo do inferno é todo moral e não material; porém não define a natureza dos sofrimentos. As comunicações espíritas colocam os sofrimentos sob os nossos olhos, e, por esse meio, podemos apreciá-los e convencer-nos de que, apesar de não serem o resultado de um fogo material, que efetivamente não poderia queimar almas imateriais, eles, nem por isso, deixam de ser terríveis, em certos casos.

Essas penas não são uniformes: variam infinitamente, segundo a natureza e o grau das faltas cometidas, sendo quase sempre essas mesmas faltas o instrumento do seu castigo; é assim que certos assassinos são obrigados a conservarem-se no próprio lugar do crime e a contemplar suas vítimas incessantemente; que o homem de gostos sensuais e materiais conserva esses pendores juntamente com a impossibilidade de satisfazê-los, o que lhe é uma tortura; que certos avarentos julgam sofrer o frio e as privações que suportaram na vida por sua avareza; outros se conservam junto aos tesouros que enterraram, em transes perpétuos, com medo que os roubem; em uma palavra, não há um defeito, uma imperfeição moral, um ato mau, que não tenha, no mundo espiritual, seu reverso e suas conseqüências naturais; e, para isso, não há necessidade de um lugar determinado e circunscrito. Onde quer que se ache o Espírito perverso, o inferno estará com ele.

Além dos sofrimentos espirituais, há as penas e provas materiais que o Espírito, se não está depurado, pode experimentar numa nova encarnação, na qual é colocado em condições de sofrer o que fez a outrem sofrer; de ser humilhado, se foi orgulhoso; miserável, se avarento; infeliz com seus filhos, se foi mau filho etc.

Como dissemos, a Terra é um dos lugares de exílio e de expiação, um purgatório, para os Espíritos dessa natureza, do qual cada um se pode libertar, melhorando-se suficientemente para merecer habitação em mundo melhor.

161. *A prece será útil às almas sofredoras?*

Todos os bons Espíritos a recomendam e os imperfeitos a pedem como meio de aliviar os seus sofrimentos. A alma, por quem se pede, experimenta um consolo, porque vê na prece um testemunho de interesse, e o infeliz é sempre consolado, quando encontra pessoas que compartilhem de suas dores. De outro lado, pela prece o exortamos ao arrependimento e ao desejo de fazer o necessário para ser feliz; é neste sentido que se pode abreviar-lhe as penas, quando ele, de seu lado, o favorece com a sua boa vontade.

162. *Em que consistem os gozos das almas felizes? Passam elas a eternidade em contemplação?*

A justiça quer que a recompensa seja proporcional ao mérito, como a punição à gravidade da falta; há, pois, graus infinitos nos gozos da alma, desde o instante em que ela entra no caminho do bem, até aquele em que atinge a perfeição. A felicidade dos bons Espíritos consiste em conhecer todas as coisas, não sentir ódio, nem ciúme, nem inveja, nem ambição, nem qualquer das paixões que desgraçam os homens. O amor que os une é, para os bons Espíritos, a fonte de suprema felicidade, pois não experimentam as necessidades, nem os sofrimentos, nem as angústias da vida material.

O estado de contemplação perpétua seria uma felicidade estúpida e monótona; seria a ventura do egoísta, uma existência interminavelmente inútil.

A vida espiritual é, ao contrário, de uma atividade incessante pelas missões que os Espíritos recebem do

112 O que é o Espiritismo

Ser Supremo, de serem seus agentes no governo do Universo — missões essas proporcionais ao seu adiantamento, e cujo desempenho os torna felizes, porque lhes fornece ocasiões de serem úteis e de fazerem o bem.

OBSERVAÇÃO - Convidamos os adversários do Espiritismo e os que não admitem a reencarnação a darem, aos problemas acima apresentados, uma solução mais lógica, por outro princípio qualquer que não seja o da pluralidade das existências.

Epílogo do curso

O pequeno curso de introdução à Doutrina Espírita que você fez, baseado em *O que é o Espiritismo*, de Allan Kardec, forneceu-lhe subsídios teóricos que podem e devem ser aplicados nas mais variadas ações de sua vida. Se esse primeiro estudo despertou o desejo de aprender mais, recomendamos o estudo das obras do citado autor, iniciando pelo *O Livro dos Espíritos*, onde se acham amplamente desenvolvidos os princípios da doutrina. Depois, *O Livro dos Médiuns*, que abrange a parte experimental e é destinado a servir de guia aos que pretendem desenvolver sua própria mediunidade ou àqueles que desejam dar-se conta dos fenômenos. Seguem-se, imediatamente, as obras em que estão desenvolvidas as aplicações e conseqüências da doutrina*. Aliás, a leitura das obras de Kardec é considerada até hoje como condição *necessária* e *suficiente* para uma boa formação espírita. Todavia, você poderá complementá-la, proveitosamente, através de importantes obras de outros notáveis autores, contemporâneos ou não, da extensa bibliografia espírita. O Espiritismo não encerra com Kardec.

---

*O Evangelho segundo o Espiritismo, O Céu e o Inferno, A Gênese e também a *Revista Espírita*, entre 1858 e 1869.

114 O que é o Espiritismo

Começou com ele.

Aconselhamos também a buscar um centro espírita sério (nem todos que se denominam centro espírita seguem o roteiro aconselhado pela codificação kardequiana) para o estreitamento de amizade e de atividades com o plano invisível, bem como a troca de informações e experiências com os companheiros encarnados. Vimos acima a orientação do Projeto VEK para você *instruir-se*. Vejamos agora o que você deve fazer para *melhorar-se*. Comece com o hábito de ler o *Evangelho* diariamente. Pode ser em casa, no trabalho, na condução, o local não é tão importante desde que lhe permita concentrar-se na mensagem. A leitura pode ser seqüencial ou ao acaso, seguida da reflexão e do desejo sincero de pô-la em prática. *O Evangelho segundo o Espiritismo* tem a vantagem de trazer a explicação das máximas do Cristo em linguagem coerente e acessível. Não resta dúvidas que todos os dias temos ocasião de aplicá-lo à nossa vida, pois somente o comentário teórico, sem vínculos com as ações cotidianas, equivale a ter em mãos boas sementes sem lançá-las à terra fértil. Sementes armazenadas não frutificam. Escolha o método compatível com o seu tempo e presenteie a você mesmo com essa oportunidade de auto-aperfeiçoamento moral. A fé raciocinada é uma conquista que nos sustenta diante das dificuldades e também frente às vitórias a que nossa vontade disciplinada conduz. Andar nas trilhas do Evangelho é ter como referencial o amor e Jesus como modelo. E não consta em nenhum lugar que alguém viesse a perder-se quando amparado por essas luzes. Caminho, verdade e vida é tudo quanto precisamos nessa escola chamada Terra, cuja ponte com o Céu deverá ser construída com o esforço da cada um.

FELICIDADES ! ! !

Temática do curso

1a. Lição: OBSERVAÇÕES PRELIMINARES: Crença há 100.00 anos - As sepulturas da idade do bronze -Livro dos Mortos dos egípcios - Destino das almas segundo os sumerianos - Os oráculos e a religião dos helenos. **1** - Os Vedas e o Bhagavad Gitã - Confúcio, Lao-Tsé, Zaratustra, Pitágoras - Buda e as Quatro Verdades Nobres. **2** - As proibições de Moisés - Episódio com o rei Saul - Sócrates e Platão - Os essênios. **3** - Jesus e a mediunidade dos apóstolos - Práticas freqüentes dos primeiros cristãos - Édito de Milão (ano 313) - O início das Cruzadas - São Francisco tenta salvar a Igreja - A Inquisição. **4** - Estudo científico dos fatos espíritas - A codificação do Espiritismo - Auto-de-Fé de Barcelona - Diferença de metodologia de pesquisa para seres inteligentes. **5** Objetivo da 1a. parte do curso - As reuniões frívolas - O Espiritismo sério. **6** - O esforço de auto-aperfeiçoamento dos espíritas - A caridade e a humildade. **7** - OS ESPÍRITOS: O que são os Espíritos. **8** - Idéias errôneas a respeito dos Espíritos. **9** - O perispírito. **10** - Os três elementos do homem: alma, corpo e perispírito. **11** - O que é a morte. **12, 13** - Possibilidades de deslocamento dos Espíritos. **14** - Mundo corporal visível e mundo espiritual invisível. **15** - O entrelaçamento dos mundos visível e invisível. **16** - O poder de percepção dos Espíritos. **17** - Os Espíritos são agentes de diversos fenômenos. **18** - As afeições dos Espíritos. **19** - O Espiritismo é a negação das doutrinas materialistas. **20** - Falsa idéia de que os Espíritos sabem tudo. **21** - COMUNICAÇÃO COM O MUNDO INVISÍVEL: É possível haver comunicação com os Espíritos?

116 O que é o Espiritismo

22 - A falsa idéia do estado da alma depois da morte. 23 - O fim providencial das manifestações dos Espíritos. 24 - Manifestações espontâneas e provocadas. Os médiuns. 25 - Modos de manifestação. 26 - Manifestações espontâneas por pancadas e ruídos. 27 - Perispírito e suas modelações. 28 - Vidência. 29 - Ações do perispírito. 30 - Fenômenos das mesas. 31 - Verdadeiro caráter das manifestações. 32 2a. Lição: COMUNICAÇÃO COM O MUNDO INVISÍVEL(continuação): O maravilhoso e o sobrenatural. 33 - Efeitos físicos e comunicações inteligentes. 34 - O caráter das comunicações. 35 - A diversidade dos Espíritos. 36 - Como se reconhece a qualidade dos Espíritos. 37 - Espíritos inferiores. 38,39,40 - Espíritos superiores. 40 - Normas de comunicação. 41 - Independência dos Espíritos e charlatanismo. 42 - Simpatia dos Espíritos. 43 - Reuniões frívolas. 44 - Reuniões sérias .45 A incredulidade .46 - Benefícios das manifestações físicas 47 - Evocações .48 - A crítica malévola .49 - FINALIDADE DAS MANIFESTAÇÕES ESPÍRITAS - Convencimento dos incrédulos .50 - Jogos de azar .51 - As más conseqüências dos desvios .52 - O objetivo das manifestações .53 - OS MÉDIUNS - Tipos de médiuns .54 - Médiuns de efeitos físicos .55 - Vantagens da comunicação escrita .56 - Evolução da comunicação escrita .57 - Tipos de médiuns escreventes .58 - A vontade dos Espíritos .59 - Obtenção regular de efeitos físicos .60 - Obscuridade necessária a certos efeitos .61 - As comunicações inteligentes. 62 - O instrumento mediúnico. 63 - Necessidade de sintonia. 64 - Afinidade fluídica. 65, 66, 67 - O caráter do médium. 68 - Prática experimental do Espiritismo. 69 - ESCOLHOS DA MEDIUNIDADE - Obsessão. 70 - Graus de obsessão 71 - Distinguindo os maus Espíritos .72 - Subjugação ou possessão. 73 - Diferença entre loucura e obsessão. 74 - Obsessão coletiva. 75 - Qualquer um pode sofrer obsessão. 76 - Sobre a ação do mundo invisível. 77 - Bom

Espírito não provoca obsessão. **78**
3a. Lição: QUALIDADES DOS MÉDIUNS - Mediunidade é uma propriedade do organismo. **79** - Qualidade de um médium. **80** - Médiuns pouco moralizados. **81** - Médiuns de mais mérito. **82** - Obsessão em pessoas de mérito. **83** - Bom médium. **84** - Médium imperfeito. **85** - Os maus Espíritos exploram as fraquezas do médium. **86** - Diferenças entre médiuns bons e imperfeitos. **87** - Bom ou mau emprego da mediunidade. **88** CHARLATANISMO: Imitação de manifestações espíritas. **89** - Manifestações mais imitadas. **90** - Charlatanismo surge onde há algo a ganhar. **91** - Adeptos exaltados e esclarecidos. **92** IDENTIDADE DOS ESPÍRITOS: Precaução a respeito de autenticidade. **93** - Identidade de um Espírito. **94, 95, 96** CONTRADIÇÕES: Linguagem dos Espíritos. **97** - Comunicações contraditórias sob um mesmo nome. **98** - Os critérios da razão e da universalidade do ensino. **99** CONSEQÜÊNCIAS DO ESPIRITISMO: Finalidade do estudo espírita. A incerteza da vida futura. A certeza da vida futura. Caridade como fonte de felicidade. O horizonte da Ciência. **100** - Espiritismo como revolução das idéias. **101** - Revelação de fatos ignorados. **102** - As menores causas podem produzir grandes efeitos. **103** - Nada há de novo debaixo do sol. **104** EPÍLOGO DA 1a. PARTE: Explicação lógica dos fatos. O Espiritismo como ciência e filosofia. O ensino espírita. O estudo da 2a. Parte.
4a. Lição: PLURALIDADE DOS MUNDOS: Habitantes em outros mundos. **105** - Semelhanças com os extraterrestres.**106** - Graus de adiantamento diferentes .**107** A ALMA: Sede da alma .**108** - Criação da alma e do corpo .**109** - Individualidade da alma .**110** - Progresso anterior da alma .**111** - Criação das almas .**112** - Diversidade das aptidões .**113**

118 O que é o Espiritismo

- Estado da alma em sua origem **114** - Progresso em uma série de existências .**115** - O HOMEM DURANTE A VIDA TERRENA: Momento da união da alma ao corpo .**116** - Intelecto da alma no nascimento da criança .**117** - Origem das idéias inatas .**118** - Gênios em classes incultas .**119** - Crianças boas em meio perverso e vice-versa .**120** - Desigualdade dos filhos .**121** - Origem do amor filial e paternal .**122** - Maus pais e maus filhos .**123** - Instintos de dignidade e baixeza .**124** - Simpatias e antipatias à primeira vista .**125** - Esquecimentos das existências anteriores .**126** - Origem da consciência .**127** - Livre-arbítrio e fatalidade .**128** - Deus criou o mal?.**129** - O homem já nasce bom ou mau?.**130** - Origem do bem e do mal .**131** - Causas dos males da humanidade .**132** - Prosperidade do mau e aflições do bom .**133** - Nascimento na indigência e na opulência .**134** - Idiotas e imbecis .**135** - Estado da alma durante o sono .**136** - Causa dos sonhos .**137** - Os pressentimentos .**138** - Selvagens e civilizados .**139** - Unicidade de encarnação na Terra .**140** - Selvageria nas sociedades civilizadas .**141** - Caráter distintivo dos povos .**142** - Progresso e declínio dos povos .**143**
5a. Lição: O HOMEM DEPOIS DA MORTE: Separação da alma e do corpo .**144** - Situação da alma logo após a morte .**145** - Visão de Deus .**146** e **147** - Consciência da individualidade .**148** - Influência do gênero de vida e de morte no estado da alma .**149** - Destino da alma .**150** - Permanência das afeições .**151** - Lembrança da existência terrena .**152** - Reencontro como parentes .**153** - Alma de criança morta .**154** - Destino da alma do sábio e do ignorante .**155** - Progresso das almas depois da morte .**156** - Sorte do homem na vida futura .**157** - Vida futura da criança morta .**158** - Ocupações das almas .**159** - Sofrimentos das almas.**160** - Utilidade da prece .**161** - Gozos das almas felizes .**162** ¨ EPÍLOGO DO CURSO: Prosseguimento dos estudos . Auto-aperfeiçoamento moral.

Obras de Luiz Gonzaga Pinheiro

OS SEMEADORES DA VERDADE
Mensagens e biografias – 192 p. – 14x21cm

É um livro muito interessante e oportuno por reunir biografias de significativos nomes (...) Abrangentes, as biografias relatam os feitos dos expoentes do conhecimento quando ainda viviam na Terra e as suas inestimáveis contribuições a Kardec, quando da codificação da Doutrina Espírita.
(Profa. Hilda Fontoura Nami)

DOUTRINAÇÃO: A ARTE DO CONVENCIMENTO
Doutrinação e Reuniões mediúnicas – 170 p. – 14x21cm

O livro **Doutrinação – A Arte do Convencimento** *procura mostrar de maneira clara, utilizando a metodologia trabalhada nas reuniões de desobsessão, o que o doutrinador necessita para o seu correto desempenho e como ele deve utilizar seus conhecimentos e valores na doutrinação de Espíritos.*

O PERISPÍRITO E SUAS MODELAÇÕES
Estudos sobre o perispírito
294 p. – 15,5x21,5 cm

Um livro revelador em torno do corpo espiritual, centrado no processo de modelagem do perispírito.

MEDIUNIDADE - TIRE SUAS DÚVIDAS
Estudo doutrinário – 192 p. – 14x21 cm

Uma obra apreciada pelos espíritas. O prof. Luiz Gonzaga Pinheiro (Fortaleza-CE), reestruturou o livro em duas partes: para iniciantes e iniciados na Doutrina, e especialmente para quem pratica ou quer desenvolver a mediunidade. Prático, apresentado em forma de questões de O Livro dos Médiuns.

Cursos sobre Espiritismo

FUNDAMENTOS DA DOUTRINA ESPÍRITA
José Benevides Cavalcante – Conceitos Básicos do Espiritismo – 176 p. – 13x18 cm

Um estudo para aqueles que desejam conhecer o mundo fascinante dos Espíritos e os conceitos básicos do Espiritismo.

CURSO SOBRE MEDIUNIDADE
Francisco Cajazeiras
Estudos sobre reencarnação – 216 p. – 13x18cm

Esse livro tem por objetivo facilitar e estimular o estudo de "O Livro dos Médiuns" por todos aqueles que desejam aprimorar seus conhecimentos acerca de mediunidade.

EXPOSITORES ESPÍRITAS
Rubens Braga – Curso para Expositores e Dirigentes Espíritas – 166 p. – 13x18 cm

Um livro necessário e oportuno para dirigentes, oradores e iniciantes que desejam desenvolver o conhecimento, a técnica e a organização de uma exposição espírita. Prático e ilustrado.

REUNIÕES MEDIÚNICAS
Rubens Braga & Celso Martins
Reuniões práticas Mediúnicas – 112 p. – 13x18 cm

Um guia reunindo as principais advertências e orientações para os médiuns, dirigentes e demais estudiosos da Doutrina.

Não encontrando os livros da EME na livraria de sua preferência, solicite o endereço de nosso distribuidor mais próximo de você através do
Fone/Fax: (0xx19) 3491-7000 / 3491-5603.
E-mail: editoraeme@editoraeme.com.br – Site:www.editoraeme.com.br